OFCE

L'économie européenne 2021

La Découverte

Observatoire français des conjonctures économiques (OFCE)

L'**OFCE**, **O**bservatoire **f**rançais des **c**onjonctures **é**conomiques, a été créé en janvier 1981 au sein de la Fondation nationale des sciences politiques, par une convention passée entre le Premier ministre et le président de la Fondation. Il a pour mission d'étudier les économies française et étrangères, leurs conjonctures et leurs structures, et d'animer le débat public en économie.

Jean-Marcel Jeanneney fut le fondateur et premier président de l'OFCE (1981-1989). Jean-Paul Fitoussi (1990-2010) et Philippe Weil (2011-2013) ont présidé l'OFCE. Xavier Ragot préside l'OFCE depuis juin 2014.

L'OFCE publie : la *Revue de l'OFCE*, les *Notes de l'OFCE*, et également des livres.

Pour tous renseignements sur les publications de l'OFCE :
OFCE : 10, place de Catalogne 75014 Paris
Tél. : 01 44 18 54 87 E-Mail : revue@ofce.sciences-po.fr
Site Internet : **www.ofce.sciences-po.fr**

Composé par l'OFCE
Dépôt légal : avril 2021

Si vous désirez être tenu régulièrement informé des parutions de la collection « Repères », il vous suffit de vous abonner gratuitement à notre lettre d'information mensuelle par courriel, à partir de notre site **http://www.collectionreperes.com**, où vous retrouverez l'ensemble de notre catalogue.

ISBN : 978-2-348-06818-8

L'éditeur de cet ouvrage s'engage dans une démarche de certification FSC® qui contribue à la préservation des forêts pour les générations futures.

Introduction

L'introduction du précédent volume de cette série, il y a un an, commençait par ces mots : « En 2020 Mesdames Lagarde et von der Leyen vivront leur première année pleine au sommet de l'Europe [...] dans un environnement européen et international compliqué. » Il faut bien avouer que nous ne savions pas alors à quel point l'année 2020 serait effectivement compliquée.

Aux plans économique et social, la pandémie de Covid-19 n'a pas seulement conduit à la plus grande récession mondiale de l'après-guerre, elle a aussi accru le risque de voir les enjeux structurels, tels que la lutte contre le changement climatique, passer au second plan, et pour longtemps, des priorités des gouvernements. Les chocs macroéconomiques infligés par la pandémie et par les mesures prophylactiques mises en œuvre pour y faire face ont été d'une telle ampleur que les réponses de politique économique ont elles aussi été d'une vigueur inaccoutumée. Bien que proportionnées aux enjeux conjoncturels de court terme, ces réponses pourraient obérer les chances de voir l'Europe s'engager résolument dans une trajectoire soutenable et équitable de ses niveaux de vie. La montée des dettes publiques et les politiques monétaires ultra-accommodantes de la Banque centrale européenne posent déjà la double question de la nature d'un retour « à la normale » et de sa temporalité. L'Europe a-t-elle encore des marges de manœuvre ? Si elle doit renverser l'orientation de ses politiques économiques, quand devra-t-elle le faire ?

Évaluer les conséquences qu'aura éventuellement la pandémie sur la trajectoire économique, sociale et environnementale de l'Europe réclame, en guise de préalable, un diagnostic complet sur ses conséquences à court terme. L'OFCE propose ainsi un bilan de l'économie européenne en 2020 et une réflexion sur les enjeux de plus long terme.

L'ouvrage présente un état des lieux conjoncturel d'une zone euro soumise à une grande incertitude quant à la persistance de l'épidémie et aux politiques budgétaires et monétaires mises en œuvre pour y faire face. Il dresse une typologie des facteurs contribuant à la mortalité due à la Covid-19 et présente un premier bilan des conséquences de l'épidémie sur les marchés du travail européens, sur les politiques publiques et budgétaires et sur les liens de ces dernières avec l'action de la Banque centrale européenne. Il expose également les avancées de la gouvernance budgétaire européenne avec l'adoption d'un nouvel outil de gestion, *Next Generation EU*, en juillet 2020 et s'interroge sur le cadre budgétaire commun qui sortira éventuellement de cette crise. L'adaptation du *Green Deal* aux nouveaux enjeux sanitaires, les avancées timides en faveur d'une politique européenne de santé publique et la question non encore résolue des ressources propres pour financer le budget européen sont tour à tour discutées en lien avec ce nouvel instrument.

Jérôme Creel *

* Jérôme Creel a assuré la conception et la coordination de l'ouvrage. Laurence Duboys-Fresney en a assuré la relecture et Claudine Houdin la réalisation.

I/ Prévoir la croissance par temps d'épidémie[1]

DAP / Christophe Blot

La pandémie de coronavirus qui a touché l'Europe en début d'année 2020 a provoqué une crise sanitaire et poussé les pays à prendre des mesures réduisant les interactions sociales pour limiter la propagation du virus. Il en a résulté une crise économique inédite comme en attestait l'ampleur des récessions constatées au premier semestre 2020. Après une levée partielle des mesures prophylactiques pendant l'été, une nouvelle augmentation des contaminations était observée à l'automne. Ces épisodes de reflux et de reprise épidémique devraient se traduire par des performances économiques erratiques, au moins jusqu'à ce qu'une vaccination générale soit mise en œuvre et permette de protéger les populations.

Au-delà de l'ampleur de la crise, sa nature bouleverse également les méthodes mobilisées pour analyser la conjoncture et prévoir la croissance. La crise a une forte dimension sectorielle et suppose donc de tenir compte du poids des secteurs « exposés » dans l'économie. Si les premières annonces d'un vaccin ont ravivé l'espoir d'une fin d'épidémie, le premier semestre 2021 risque cependant d'être encore marqué par des mesures prophylactiques d'intensité variable qui pèseront sur la situation macroéconomique européenne. Dans ce contexte, le rôle d'amortisseur des politiques monétaire et budgétaire est de nouveau sollicité.

1 Ce texte s'appuie sur l'analyse de la conjoncture internationale et européenne réalisée par le Département Analyse et Prévision de l'OFCE en octobre 2020 et publiée dans la *Revue de l'OFCE*, n° 168.

La situation conjoncturelle en 2020

En Europe, l'Italie a été le premier pays à prendre des mesures contraignant les interactions sociales et les activités professionnelles pour les régions de Lombardie et de Vénétie le 8 mars 2020. L'Espagne faisait de même dans les régions de Madrid et de Catalogne le 13 mars. Les contraintes se sont ensuite progressivement renforcées et généralisées à l'ensemble des territoires et des pays. Deux jours après l'Espagne et huit jours après l'Italie, la France a imposé un confinement sur l'ensemble du territoire à partir du 17 mars, ce qui s'est traduit par la fermeture des commerces non essentiels, celle des établissements d'enseignement et de fortes restrictions de déplacement. Les mesures prises dans les différents pays n'ont cependant pas été homogènes. Ainsi, celles prises en Allemagne à partir du 23 mars ont été un peu moins restrictives. Enfin, la Suède s'est distinguée par l'absence de mesures contraignantes même si des recommandations ont été émises afin de limiter les interactions entre les individus.

La conséquence directe de ces décisions a été d'empêcher les dépenses des ménages, qui ne pouvaient de fait plus consommer certains biens ou services, et de restreindre l'offre de travail. Ces décisions ont provoqué une forte chute de l'activité. Dans la zone euro, le PIB a reculé de 9,4 % sur le semestre : – 3,7 % au premier trimestre et – 11,8 % au second (graphique 1). On constate néanmoins une grande variabilité des performances parmi les États membres. Le PIB n'a reculé que de 3,4 % en Finlande, mais de 13,7 % en Espagne et de 12,4 % en France. La récession a été un peu plus modérée en Allemagne puisque la baisse du PIB sur le semestre s'élevait à 6,7 %. Notons que la Suède n'a pas été épargnée malgré l'absence de mesures officielles : le PIB a baissé de 3,7 %.

Ces contraintes ont particulièrement pesé sur la demande entre mi-mars et la fin du mois de mai 2020. La chute de l'activité au deuxième trimestre masquait cependant le rebond observé dès le mois de juin avec la levée progressive des mesures de confinement, comme en ont témoigné les chiffres des ventes de détail ou de la production industrielle. Ces performances se sont confirmées pendant l'été et se sont ensuite reflétées dans les chiffres du PIB au troisième trimestre. Pour autant, malgré une croissance de 11,5 % dans l'Union (12,5 % dans la zone euro), le PIB restait inférieur de 4,4 points au niveau de fin 2019 dans

Graphique 1. **La croissance du PIB dans les principaux pays européens au premier trimestre 2020**

En %

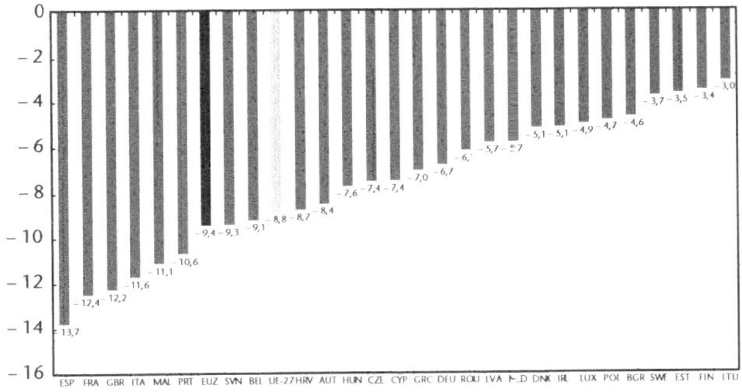

Source : Eurostat.

l'Union comme dans la zone euro. La Grèce et la Croatie sont les deux pays qui étaient les plus éloignés de leur niveau d'avant crise avec un retard d'activité de 12,1 et 10,3 points respectivement, suivis par le Royaume-Uni (– 9,7 points) et l'Espagne (– 9,1 points). Seule l'Irlande avait un PIB supérieur de 3,7 points à celui observé au quatrième trimestre 2019.

Une crise sectorielle

Les disparités géographiques observées de l'effet de la pandémie et du confinement sur la croissance s'expliquent par l'intensité des mesures qui ont été prises. La liste des commerces non essentiels, fermés pendant les périodes de confinement du printemps ou de l'automne, n'est pas la même partout. Les contraintes sur les déplacements, les fermetures d'écoles et les incitations au télétravail ont également conditionné l'offre de travail et la production.

De fait, les secteurs à fortes interactions physiques ont été beaucoup plus fortement impactés puisque la protection des populations face à l'épidémie s'appuie sur la réduction des contacts. Les

Graphique 2. **Poids des secteurs exposés dans la valeur ajoutée**

En %

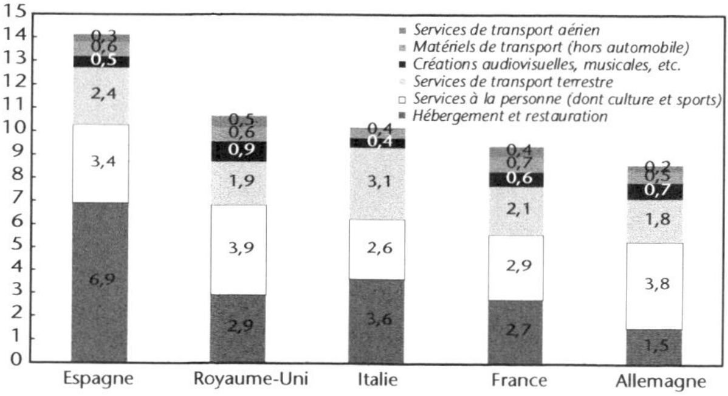

Source : Eurostat.

services de loisirs et les secteurs de l'hébergement-restauration furent donc particulièrement touchés par les mesures prophylactiques. D'ailleurs, la levée des mesures de confinement les plus contraignantes ne s'est pas traduite par un retour à la normale dans ces secteurs où des restrictions continuent de s'appliquer. De plus, en décourageant, voire en limitant, les déplacements — notamment transfrontaliers —, la crise a durement impacté le secteur du transport et particulièrement le transport aérien dont le trafic a considérablement baissé[2]. La dépendance des économies à l'activité touristique a pu être un facteur amplifiant la récession, comme ce fut le cas par exemple en Espagne. La dimension sectorielle devient donc centrale pour analyser la conjoncture.

Ainsi, parmi les secteurs considérés fragiles, il ressort que le poids de l'hébergement-restauration atteint par exemple près de 7 % de la valeur ajoutée en Espagne contre 1,5 % en Allemagne (graphique 2). Quant aux services de transport terrestre, c'est en Italie qu'ils représentent la part de la valeur ajoutée

2 Par exemple, en France, le volume du trafic aérien était en septembre 2020 inférieur de plus de 57 % à son niveau de l'année précédente. Ce recul était de 90 % en mai.

la plus élevée. Enfin, la spécialisation française dans l'industrie aéronautique l'expose à la crise du secteur aérien même si les écarts entre les principaux pays européens sont de moindre ampleur : 0,7 % de la valeur ajoutée en France contre 0,6 % et 0,5 % en Espagne et en Allemagne.

Le choc s'est ensuite diffusé largement dans l'économie *via* les chaînes de production et le commerce extérieur puisque ces mesures furent généralisées à de nombreux pays. L'analyse de la conjoncture nécessite dans ces conditions de développer des outils alternatifs pour évaluer l'ampleur de la crise et prévoir la croissance en 2021.

Quel scénario pour la croissance en 2021 ?

En 2021, la dynamique de l'activité européenne dépendra crucialement de l'évolution de l'épidémie. Dans l'attente d'une campagne de vaccination, plusieurs vagues épidémiques pourraient se succéder et conduire les gouvernements à adopter une politique de *stop and go* imposant puis relâchant les mesures prophylactiques selon l'évolution de la pandémie dans leur pays. Il en résulte une incertitude importante sur la conjoncture puisqu'un mois de confinement strict comme celui mis en place au printemps 2020 réduirait l'activité dans l'Union européenne de près de 30 % en rythme annualisé [OFCE, 2020a]. La baisse dépasserait même 35 % en Espagne et serait comprise entre 20 % et 25 % en Allemagne. Même si les mesures prophylactiques adoptées par certains pays à l'automne 2020 étaient moins strictes que celles du printemps, leur incidence sur la croissance trimestrielle reste forte [OFCE, 2020b], ce qui accroît la variance des scénarios possibles de croissance pour 2021.

Ce contexte réduit la qualité de l'information que l'on peut tirer des indicateurs conjoncturels usuels. Pour l'analyse de court terme, l'attention s'est donc par exemple portée sur les données de paiement par carte bancaire ou sur la consommation journalière d'électricité qui reflètent en temps réel l'évolution des dépenses ou de l'activité. Ainsi, Heyer [2020] montre que la consommation journalière d'électricité en France permet de prévoir l'évolution de la production industrielle. Des chercheurs de la Blavatnik School of Government de l'université d'Oxford [Hale *et al.*, 2020] ont élaboré un indicateur recensant les mesures de confinement adoptées dans 185 pays. Leurs données reflètent d'une part la sévérité de la

Graphique 3. **Variation des moyennes trimestrielles de l'indicateur de restriction**

Indice

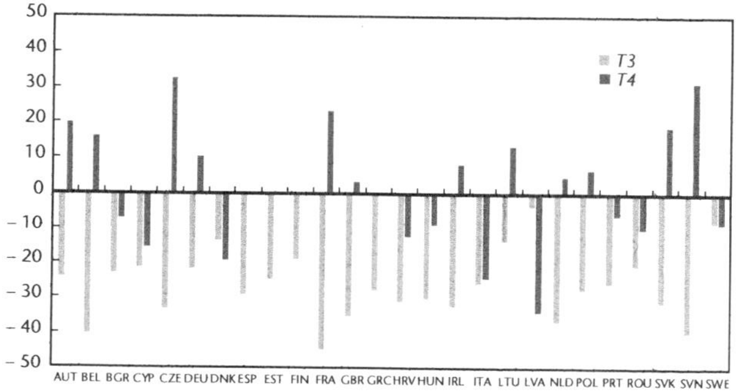

Note : au premier trimestre, la variation correspond au niveau car l'indicateur est nul début 2020, avant l'apparition du virus.

Source : Hale *et al.* [2020].

restriction pour chaque mesure répertoriée (fermeture des écoles, des entreprises, limitation des rassemblements, confinement à domicile, restriction aux voyages domestiques et internationaux...) et d'autre part le caractère local ou généralisé des mesures dans chaque pays. Sur le premier semestre 2020, il apparaît que l'intensité du confinement observée au cours des deux premiers trimestres de 2020 était négativement corrélée à la variation du PIB, si bien que ce type d'indicateur fournit une métrique pouvant être utile pour déterminer la chute de l'activité économique sur le trimestre. Sur la fin de l'année 2020, ces indicateurs témoignaient d'une évolution plus hétérogène. Alors que tous les pays européens ont assoupli le confinement au cours du troisième trimestre, certains pays comme la France, l'Autriche, l'Allemagne ou la Belgique ont imposé de nouvelles restrictions au quatrième trimestre tandis que d'autres continuaient d'assouplir (graphique 3). La possibilité d'une nouvelle vague de contaminations laisse augurer d'un nouveau fléchissement de la croissance et donc d'un point de départ relativement faible pour 2021.

Au-delà des indicateurs de court terme, l'incidence sectorielle différenciée des mesures prophylactiques suggère également de s'appuyer sur des outils qui permettent de mieux prendre en compte les interactions entre secteurs au sein des pays et entre les secteurs, entre pays. Cette dynamique peut être analysée à partir des tableaux entrées-sorties issus de la World Input-Output Database (WIOD), qui se compose de 44 pays et 56 secteurs. Partant d'une calibration des trajectoires de dépenses sur une base réduite à 12 zones et 17 secteurs, il est possible d'analyser la diffusion d'un choc de confinement et de la dynamique de reprise au sein du tissu productif domestique et sa transmission internationale au travers des chaînes de production [Dauvin *et al.*, 2020].

La croissance qui en résulte dépend en premier lieu des trajectoires des demandes internes sectorielles de chaque pays. Même sans confinement ou avec un confinement plus léger, les interactions physiques seront réduites sur tout ou partie de l'année 2021. La consommation restera empêchée, ce qui pèse sur l'activité de certains secteurs ; particulièrement les services de loisirs, de transport et le secteur de l'hébergement-restauration. La consommation dans ces services restera donc partiellement, voire totalement empêchée si des mesures plus drastiques sont adoptées. Pour les dépenses des autres biens et services, se pose la question de la vitesse du retour vers le niveau observé en fin d'année 2019, voire celle d'un rattrapage des dépenses qui n'ont pas pu être réalisées pendant le premier semestre. On peut effectivement considérer que la dépense sur certains services — coiffeurs par exemple — devrait retrouver son niveau d'avant crise, mais les dépenses non réalisées ne peuvent pas être reportées. Inversement, pour les achats de biens automobiles par exemple, les dépenses non réalisées du printemps peuvent se décaler et s'ajouter à celles qui auraient été effectuées en l'absence de confinement, ce que suggèrent d'ailleurs les chiffres de consommation de l'été 2020.

Cette trajectoire calibrée pour les dépenses allouées dans chaque pays à chaque secteur dépend non seulement de l'évolution de l'épidémie mais aussi du comportement d'épargne des ménages qui ont accumulé de l'épargne au premier semestre (graphique 4). Un mouvement de désépargne servirait à financer la consommation en 2021 et permettrait d'accélérer la reprise. En effet, l'impact des chutes d'activité sur le marché du travail a été amorti dans de nombreux pays européens par des dispositifs de

Graphique 4. **Taux d'épargne des ménages**

En % du revenu disponible brut

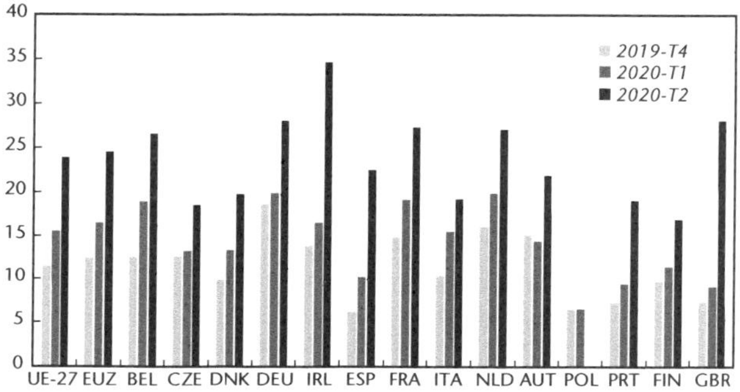

Source : Eurostat.

chômage partiel (voir chapitre II). L'activité partielle a ainsi permis de maintenir les salariés en emploi et de les indemniser en cas de réduction temporaire de leur durée du travail. Il en a résulté un quasi-maintien du revenu des salariés alors que, dans le même temps, la consommation était empêchée, ce qui a eu pour conséquence d'accroître fortement le taux d'épargne. Celui-ci est passé de 12,5 % fin 2019 dans la zone euro à 24,6 % au deuxième trimestre. Ce taux devrait diminuer par la suite et pourrait soit revenir vers son niveau de 2019 soit le sous-ajuster si les ménages décident de consommer le patrimoine accumulé pendant le premier semestre. Inversement, l'incertitude sur la situation sanitaire et une éventuelle persistance de la sous-activité pourraient aussi se traduire par une épargne de précaution, alimentant elle-même le ralentissement.

La matrice *input-output* permet alors de déduire la valeur ajoutée sectorielle et agrégée pour les principaux pays européens ainsi que pour les zones regroupant les autres pays de la zone euro et les autres pays de l'Union européenne. En 2020, le PIB de l'Union européenne et de la zone euro reculerait de près de 8 % contre une baisse de 3,6 % aux États-Unis. L'Espagne et le Royaume-Uni seraient les pays les plus touchés avec une baisse de l'activité de 11,1 % et 11,8 % respectivement, suivis de l'Italie et la France (– 9,8 % et – 9,5 %). La récession serait moindre en Allemagne (– 5,6 %). L'année 2021 serait marquée par un rattrapage et un rebond important de l'activité sans pour autant que le PIB retrouve son niveau de 2019. En Espagne, en Italie et au Royaume-Uni, le niveau d'activité serait effectivement encore inférieur de plus de 5 points. La croissance dépasserait 7 % en France. La reprise serait plus timide en Espagne et en Italie avec une croissance de 4,9 % et 6,7 % respectivement. La croissance serait plus faible en Allemagne (3,7 %), mais l'économie allemande serait sur l'ensemble de la période moins durement frappée en lien avec des mesures prophylactiques un peu moins intenses et une spécialisation sectorielle plus favorable.

Politiques économiques : vers une nouvelle solidarité européenne

Dans ce contexte, les politiques économiques doivent continuer à jouer un rôle d'amortisseur et les performances macro-économiques dépendront des mesures de politique économique prises par les gouvernements et la BCE. Après les mesures d'urgence adoptées en mars-avril, une nouvelle vague de plans de relance a été adoptée au cours du second semestre (voir chapitre v). Des mesures complémentaires seront prises pour compenser les pertes occasionnées par d'éventuelles nouvelles restrictions.

Les pays européens pourront aussi bénéficier du plan de relance européen *Next Generation EU*. Cet instrument, proposé par la Commission européenne en mai 2020, a été adopté définitivement par les États membres le 10 décembre ; il prévoit de débloquer 750 milliards pour aider les États à faire face aux conséquences de la crise de la Covid-19. Pour la première fois, il ne s'agit pas seulement d'accorder des prêts aux États membres mais de verser une aide non remboursable, d'un montant de 390 milliards d'euros, financée par un endettement de l'Union. Les modalités du remboursement de cette dette seront précisées ultérieurement, mais il devrait se faire sur des ressources propres de l'Union[3]. Dans le cas d'un prêt, le gouvernement fait une économie d'intérêts lorsque le pays n'a pas accès aux

3 Il pourrait s'agir d'une taxe carbone aux frontières, d'une taxe numérique, d'une taxe sur les transactions financières… La Commission devrait faire ses premières propositions en juin 2021.

financements de marchés aux meilleures conditions. La subvention marque quant à elle une rupture dans la gouvernance européenne puisqu'il s'agit d'un transfert fiscal créant les vraies conditions d'une solidarité européenne.

L'essentiel du programme s'articule autour de la *Facilité pour la reprise et la résilience*, dont « l'objectif est de soutenir une reprise durable et d'accompagner les transitions verte et numérique ». Le budget alloué s'élève à 672,5 milliards d'euros, incluant 360 milliards d'euros de prêts et 312,5 milliards de subventions. Les autres éléments de l'accord permettront de soutenir les infrastructures sanitaires et sociales, les systèmes de santé et les services dans les régions les plus touchées par la crise (*React-UE* pour un montant 47,5 milliards), la compétitivité et la recherche (*Horizon Europe*, 5 milliards), l'investissement (*InvestEU*, 5,6 milliards) et le développement rural (7,5 milliards). Enfin, le Fonds pour une transition juste (FTJ, 10 milliards) apportera une aide aux régions plus dépendantes des énergies fossiles afin de faciliter la transition vers des énergies moins polluantes[4]. Les montants sont intégrés à la discussion du budget européen pour la période 2021-2027, mais une grande partie des dépenses sera réalisée en 2021 et 2022.

La ventilation des fonds bénéficierait notamment à l'Italie et l'Espagne qui toucheraient 21,3 % et 19,4 % de la subvention (tableau 1) tandis que l'Allemagne et la France percevraient 7,2 % et 11,4 %. Toutefois, si on rapporte le total des sommes que devraient recevoir les pays à leur PIB respectif, il ressort que l'aide européenne s'élèverait à 13,7 % du PIB pour la Bulgarie et 13,6 % pour la Croatie pouvant ainsi financer ou contribuer à financer la relance budgétaire dans les différents pays. En France, cela représenterait près de 40 % du plan de relance annoncé en septembre et l'aide totale serait de 1,9 point de PIB. En Espagne et en Italie, la subvention représente 6,3 points et 4,7 points de PIB respectivement contre 0,8 point pour l'Allemagne.

Enfin, les pays de la zone euro bénéficieront également de la politique monétaire accommodante de la BCE (voir chapitre IV), qui devrait permettre de maintenir les taux d'intérêt à un faible niveau facilitant le financement de la politique budgétaire. Les innovations en matière de politique monétaire ne sont cette fois-

4 *RescEU* complète le dispositif avec un montant de 1,9 milliard d'euros.

Tableau 1. **Répartition géographique du transfert issu du plan *Next Generation EU***

	En milliards 2018	En %	En % du PIB 2018
Belgique	6,0	1,5	1,3
BGR	7,7	2,0	13,7
CZE	9,0	2,3	4,3
Danemark	1,9	0,5	0,6
Allemagne	27,9	7,2	0,8
Estonie	1,5	0,4	5,7
Irlande	1,5	0,4	0,5
Grèce	19,8	5,1	11,0
Espagne	75,8	19,4	6,3
France	44,3	11,4	1,9
HRV	7,1	1,8	13,6
Italie	83,1	21,3	4,7
Chypre	1,3	0,3	5,9
LVA	2,3	0,6	7,8
LTU	3,1	0,8	6,9
Luxembourg	0,1	0,0	0,2
Hongrie	7,8	2,0	5,7
Malte	0,3	0,1	2,7
Pays-Bas	6,9	1,8	0,9
Autriche	3,6	0,9	0,9
Pologne	28,8	7,4	5,8
Portugal	16,1	4,1	7,8
Roumanie	17,5	4,5	8,6
SVN	2,0	0,5	4,4
SVK	7,2	1,8	8,0
Finlande	3,0	0,8	1,3
Suède	4,4	1,1	0,9
Union européenne-27	390,0		

Note : la répartition en pourcentage est fondée sur la répartition connue pour la *Facilité pour la reprise et la résilience* (soit un total de 312,5 milliards d'euros), *React-UE* (37 milliards alloués pour 2021) et le Fonds pour une transition juste (10 milliards).

Source : Commission européenne, calculs des auteurs..

ci pas aussi importantes que celles mises en œuvre pour faire face à la crise financière globale, mais il semble néanmoins que la BCE fera en sorte de limiter les écarts de taux entre pays de la zone euro.

La crise de la Covid-19 représente un événement inédit à plusieurs titres. Outre ses conséquences sociales et sanitaires, les pays européens auront connu leur pire perte d'activité depuis la Seconde Guerre mondiale. Mais cette crise aura également permis une avancée dans la gouvernance européenne vers plus de solidarité européenne, ce qui n'avait pas pu être mis en œuvre pendant la crise financière globale. Même si le projet européen se construit au travers des crises, il reste à voir si la crise de la Covid-19 ne pèsera pas durablement sur la situation économique et sociale des pays de l'Union.

Repères bibliographiques

Dauvin M., Malliet P. et Sampognaro R. (2020), « Impact du choc de demande lié à la pandémie de la Covid-19 en avril 2020 sur l'activité économique mondiale », *Revue de l'OFCE*, n° 166.

Hale T. *et al.* (2020), *Oxford Covid-19 Government Response Tracker*, Blavatnik School of Government.

Heyer É. (2020), « Doit-on s'attendre à une nouvelle chute historique de la production industrielle en avril ? Une réponse à partir de l'analyse de la consommation d'électricité », Blog de l'OFCE, 19 mai.

OFCE, Département Analyse et Prévision (2020a), « Évaluation de l'impact économique de la pandémie de Covid-19 et des mesures de confinement sur l'économie mondiale en avril 2020 », *Policy Brief de l'OFCE*, n° 69, juin.

— (2020b), « Évaluation au 11 décembre 2020 de l'impact économique de la pandémie de Covid-19 en France et perspectives pour 2020 », *Policy Brief de l'OFCE*, n° 81, décembre.

II / Le marché du travail malade de la Covid-19

Céline Antonin, Christine Rifflart et Grégory Verdugo

La crise de la Covid-19 a provoqué en Europe un choc économique inédit. Dès la mi-mars 2020, les décisions d'urgence sanitaire prises pour endiguer la propagation du virus ont contraint les entreprises à s'ajuster. Les commerces non essentiels et les lieux recevant du public ont dû fermer mais, plus largement, c'est l'ensemble des entreprises qui a subi un choc inédit. Afin de protéger la structure productive et soutenir le pouvoir d'achat des travailleurs, les gouvernements européens ont introduit des mesures ciblant le marché du travail, d'une ampleur inégalée — même au pire moment de la crise de 2008 — dans le but de mutualiser le coût économique et social de la crise. En premier lieu, l'encouragement au télétravail a permis de limiter la chute de la production, au moins lorsque cela était possible. D'autres dispositifs ont limité l'impact de la baisse d'activité sur l'emploi, au premier rang desquels le chômage partiel. Au moins à court terme, l'impact sur l'emploi salarié apparaît ainsi très limité au regard des destructions que la crise aurait pu entraîner en l'absence de tels mécanismes. Cela ne présage toutefois pas des évolutions futures de l'emploi qui pourrait connaître un ajustement drastique dans les trimestres à venir.

Après avoir décrit les évolutions du marché du travail dans les grands pays européens au cours de l'année 2020, nous montrons comment les mesures ciblées ont évité de répercuter la chute vertigineuse d'activité sur le marché de l'emploi. Nous montrons ensuite que le chômage partiel a été le principal mécanisme de soutien au marché du travail. Nous nous interrogeons néanmoins sur la stratégie de sortie du chômage partiel et les écueils liés à un prolongement potentiellement inadéquat de ce dispositif.

Tableau 1. **Variation du PIB et du taux de chômage**

PIB : taux de variation en % ; taux de chômage : différence en points

	2009/2008		2020(p)/2019	
	PIB	Taux de chômage	PIB(p)	Taux de chômage(p)
Zone euro	– 4,5	2,1	– 8,1	0,4
Allemagne	– 5,6	0,3	– 5,6	1,1
France	– 2,8	1,6	– 9,7	– 0,3
Italie	– 5,3	1,0	– 9,9	– 0,7
Espagne	– 3,8	6,6	– 11,1	1,5

Sources : Eurostat et prévisions OFCE (décembre 2020).

État des lieux du marché du travail

Deux confinements successifs, mais un impact limité sur l'emploi

Au début de l'année 2020, l'Europe est devenue l'épicentre de la crise sanitaire, conduisant les pays à prendre progressivement des mesures strictes afin d'éviter la saturation des capacités hospitalières. L'Italie a été le premier pays à prendre de telles mesures, dès le 22 février.

La première vague de confinement a touché l'ensemble des pays de l'UE entre mars et mai 2020, à l'exception de la Suède, avec un éventail de mesures : fermeture des commerces dits non essentiels et des écoles, limitation des rassemblements, restriction des voyages domestiques et internationaux...

Après une période de déconfinement durant le printemps et l'été 2020, un deuxième confinement est intervenu à partir de la fin octobre 2020 dans la plupart des pays face à la reprise de l'épidémie. Si les mesures adoptées ont été proches durant les deux périodes, elles ont globalement moins contraint l'activité économique durant la seconde période (apprentissage du premier confinement, maintien des écoles ouvertes, fermeture des commerces plus ciblée dans la plupart des pays...).

L'impact cumulé sur le PIB de ces deux confinements a été massif dans tous les pays, bien supérieur à celui de la crise des *subprimes* de 2008-2009 (tableau 1), sauf en Allemagne. Ainsi, alors que le PIB de la zone euro n'avait reculé que de 4,5 % en 2009, il baisserait de 8,1 % en 2020, soit près de deux fois plus.

Tableau 2. **Taux de croissance du PIB et de l'emploi**

En %

	T2 2020/T4 2019		T3 2020/T2 2020	
	PIB	**Emploi total**	**PIB**	**Emploi total**
Zone euro	– 15,1	– 3,2	12,6	0,9
Allemagne	– 11,5	– 1,4	8,3	– 0,1
France	– 18,9	– 2,7	18,2	1,6
Italie	– 17,8	– 3,0	16,1	0,9
Espagne	– 22,1	– 8,4	16,7	3,1
Royaume-Uni	– 21,8	– 0,8	15,5	– 0,5

Sources : données nationales pour les pays, Eurostat pour la zone euro.

En revanche, l'impact sur le taux de chômage apparaît pour l'instant beaucoup moins fort qu'en 2008-2009. L'Allemagne fait exception. À récession équivalente, le taux de chômage était resté stable en 2009 alors qu'il a augmenté en 2020.

Le profil de l'activité économique au fil des trimestres reflète l'effet de chaque vague de confinement : on observe une forte chute du PIB au deuxième trimestre 2020, suivie d'un net rebond au troisième trimestre (tableau 2). Au dernier trimestre, l'activité devrait ralentir ou se contracter en raison du second confinement, mais l'impact devrait être moins marqué du fait de contraintes plus légères et de l'absence d'effondrement du commerce international.

Cependant, l'ampleur du choc varie selon l'intensité du confinement, sa durée et son caractère général ou localisé dans les différents pays. Entre le quatrième trimestre 2019 et le deuxième trimestre 2020, le PIB chute de 22,1 % en Espagne, 21,8 % au Royaume-Uni, 18,9 % en France, 17,8 % en Italie et « seulement » 11,5 % en Allemagne. Pourtant, si la chute de la production est exceptionnelle, son impact sur l'emploi apparaît relativement faible : sur la même période, l'emploi baisse de 8,4 % en Espagne, 3,0 % en Italie, 2,7 % en France, 1,4 % en Allemagne et à peine 0,8 % au Royaume-Uni. À l'inverse, lors du déconfinement au troisième trimestre 2020, le taux de croissance du PIB a fortement rebondi, atteignant 12,6 % en moyenne en zone euro, tandis que l'emploi ne s'est redressé que de 0,9 %. En Allemagne et au Royaume-Uni, où la situation de l'emploi s'est peu dégradée au premier semestre, l'ajustement à la baisse s'est poursuivi au troisième trimestre. En France, Italie et Espagne, le léger rebond de l'emploi n'a pas permis de revenir à la situation d'avant crise.

Le télétravail : amortisseur de l'impact de la crise sur la production

Dans de nombreux secteurs, le télétravail a permis de limiter la chute d'activité, dès lors que son utilisation était compatible avec l'activité des travailleurs, quitte à redéfinir certaines tâches et divers objectifs. Afin de déterminer quelle est la part d'emplois compatibles avec le télétravail entre pays, nous reprenons la méthodologie développée par Ducoudré et Madec [2020]. Ces derniers utilisent les données d'emploi par catégorie socio-professionnelle et par activité économique selon la nomenclature NACE Rév.2, auxquelles ils appliquent les hypothèses de télétravail retenues sur la France et basées sur les 528 professions de l'enquête Emploi de l'Insee. Ainsi, en France, seraient concernés par le télétravail plus des trois quarts des emplois de « directeurs, cadres de direction et gérants » et des « employés de type administratif », deux tiers des « professions intellectuelles et scientifiques », et un tiers des « professions intermédiaires ». La pratique s'est donc largement répandue par rapport à la situation pré-Covid-19. L'enquête Sumer de l'INRS, qui s'intéresse au télétravail régulier hors Covid-19 en 2017, montre que 11,1 % des cadres recouraient régulièrement au télétravail contre 3,2 % des professions intermédiaires, 1,4 % des employés et 0,2 % des ouvriers [Dares, 2019]. Lorsque l'on prend en compte les secteurs d'activité, le recours au télétravail pourrait concerner selon les hypothèses de l'OFCE entre 2 % du personnel dans les activités de la restauration et de l'hébergement et 85 % dans les activités financières et d'assurances. Finalement, en raison des différences de composition de l'emploi sectoriel entre pays, nous estimons que 37 % des emplois au Royaume-Uni, 33 % des emplois en France et en Allemagne, 30 % en Espagne et 25 % en Italie pouvaient entrer intégralement dans le cadre du télétravail[1].

Le télétravail a certes permis de limiter la chute d'activité, mais il a également creusé les inégalités entre les travailleurs notam-

1 Pour la France, l'ordre de grandeur est comparable à celui du sondage Harris Interactive réalisé entre les 4 et 8 novembre 2020 pour le ministère du Travail, dans lequel 36 % des actifs en emploi déclarent pouvoir télétravailler sans difficulté. Ce chiffre est également proche de celui obtenu dans le cas des États-Unis par Dingel et Neiman [2020], qui estiment que 37 % des emplois peuvent être totalement effectués dans le cadre du travail à distance.

ment parce que les employés dans l'incapacité de le pratiquer ont été plus exposés au risques de contamination et ont eu plus de risques de perdre leur emploi, que ce soit en France [Warszawski *et al.*, 2020 ; Givord et Silhol, 2020], en Europe [ECDC, 2020 ; Lewandowski, 2020] ou aux États-Unis [Angelucci *et al.* 2020, Montenovo L. *et al.*, 2020]. En France, les emplois à durée déterminée et l'intérim ont été les premières victimes du premier confinement : entre le dernier trimestre 2019 et le deuxième trimestre 2020, le nombre de contrats à durée limitée (CDD et intérim) a connu une baisse de 14,5 % en zone euro (Eurostat, Enquête sur les forces de travail). En Allemagne, sur la même période, les *minijobs* « exclusifs », qui n'assurent ni contre le risque de chômage ni contre celui de maladie, ont baissé de 7,1 %.

L'impact de la crise sur les travailleurs non salariés

La crise de la Covid-19 a également affecté les travailleurs non salariés. Les travailleurs non salariés comprennent les travailleurs familiaux, mais surtout les entrepreneurs individuels dont les commerces ont été frappés de fermeture administrative ou les activités, suspendues faute de demande. Leur part varie fortement entre les pays. Ainsi, ils représentent 8,6 % de l'emploi total en Allemagne et 23,5 % en Italie. Ne cotisant pas aux caisses d'allocations chômage, ils ne peuvent prétendre à aucune prestation en cas d'arrêt ou de baisse d'activité. Notons cependant que des aides ont été mises en œuvre, notamment pour les non-salariés concernés par les fermetures obligatoires ou une baisse d'activité importante. Plusieurs outils ont été mobilisés, destinés notamment à faire face à des difficultés de trésorerie : des sommes forfaitaires versées par des fonds d'indemnisation pour les TPE et indépendants ayant connu une baisse de leur chiffre d'affaires supérieure à un certain seuil, la suspension de certaines factures de gaz, d'électricité ou de loyers (Allemagne, France lors du premier confinement), le report ou l'exonération des cotisations sociales, ou encore des facilités de crédits de trésorerie *via* des prêts garantis par l'État.

Une décomposition chiffrée du choc sur l'emploi salarié

Pourquoi la chute d'activité ne s'est-elle pas traduite par une destruction massive d'emplois, notamment salariés, dans les principaux pays européens ? Pour le comprendre, il est utile de revenir sur les pertes d'emplois salariés prédites par le choc

Tableau 3. **Décomposition de l'emploi salarié entre le quatrième trimestre 2019 et le deuxième trimestre 2020**

En milliers d'emplois

	Allemagne	France	Espagne*	Roy.-Uni
Pour mémoire : Emploi salarié T4 2019	41 224	25 586	20 377	27 781
Variation observée de l'emploi salarié entre fin 2019 et mi 2020 (1)+(2)+(3)+(4)+(5)	– 465	– 794	– 1360	279
(1) Effet d'activité	– 4 493	– 4 844	– 4 339	– 6 245
(2) Effet de structure sectorielle	– 812	– 616	– 582	– 1 869
(3) Activité partielle	4 476	4 215	3 200	7 028
Activité partielle	*4 476*	*4 215*	*1 900*	*7 028*
Emplois aidés	*0*	*0*	*1 300*	*0*
(4) Effet des mesures prophylactiques	245	206	280	395
(5) Fermeture du cycle de productivité	120	245	82	970

* Pour l'Espagne, il s'agit de l'emploi total. Les aides de l'État ont bénéficié à 1,3 million d'autoentrepreneurs.

Sources : prévision OFCE, octobre 2020 [OFCE, 2020].

macroéconomique (les pertes d'emplois potentielles), l'effet des différences de spécialisation sectorielles entre pays et les politiques de sauvegarde de l'emploi (tableau 3).

La ligne « effet d'activité » reflète l'impact mécanique qu'aurait eu la baisse de l'activité globale sur l'emploi. À partir du niveau fin des dix-sept branches d'activité, nous estimons la perte d'emplois potentielle en faisant l'hypothèse que les entreprises réduisent leur demande de travail à proportion du choc négatif de valeur ajoutée. Mi-2020, la chute du niveau d'activité par rapport au quatrième trimestre 2019 pèserait sur l'emploi salarié à hauteur de 4,5 millions d'emplois potentiellement détruits en Allemagne, 4,8 millions en France, 4,3 millions en Espagne et 6,2 millions au Royaume-Uni.

La ligne « effet de structure sectorielle » montre les destructions additionnelles reliées aux différences de spécialisation sectorielle entre pays. Le fait que les secteurs les plus touchés soient des secteurs fortement intensifs en main-d'œuvre entraîne un effet particulièrement marqué dans les pays où ces secteurs occupent une place plus importante dans le tissu productif. Cet effet de spécialisation explique entre 582 000 (Espagne) et 1,9 million (Royaume-Uni) de pertes supplémentaires d'emplois salariés.

L'impact a été variable entre les pays selon l'intensité du confinement et l'ampleur des fermetures obligatoires. Dans le secteur de la construction par exemple, on a observé de grandes différences entre la France, dont l'activité a été fortement réduite, et l'Allemagne, où les chantiers sont restés actifs. Par ailleurs, en Allemagne, l'industrie manufacturière, dont l'activité s'est partiellement poursuivie, est beaucoup plus importante, ce qui a davantage protégé l'emploi du choc de confinement. En France, en Italie et surtout en Espagne où les règles de confinement ont été plus dures et où l'industrie du tourisme, notamment étranger, joue un rôle majeur, la baisse de demande de travail induite par le premier confinement a été particulièrement importante. Cela s'explique notamment par le fait que la perte d'activité se situe dans les secteurs à fort contenu en emplois. En Espagne et en Italie, la part de l'emploi dans les activités de commerce et de restauration-hôtellerie atteint respectivement 24 % et 20 % de l'emploi total contre près de 17 % en Allemagne et au Royaume-Uni.

Cependant, ces effets négatifs sur l'emploi ont été en grande partie compensés par la mise en place du chômage partiel qui a permis de maintenir en emploi entre 3,2 et 7,0 millions de salariés selon les pays, ainsi que par une baisse ponctuelle de la productivité. La baisse de la productivité est liée d'une part aux mesures prophylactiques, qui ont entraîné, malgré la baisse de la demande, le maintien en poste de certains salariés en raison des règles sanitaires — par exemple, la baisse de capacité de passagers dans les transports n'a pas pu se traduire par une baisse proportionnelle du nombre de salariés —, et d'autre part au maintien en emploi de salariés malgré les baisses des carnets de commandes des entreprises (entre 82 000 emplois en Espagne et 970 000 au Royaume-Uni).

Face au confinement, le chômage partiel a préservé la relation d'emploi

Dans toute l'Europe, le chômage partiel ou temporaire a été le principal recours des gouvernements pour diminuer les destructions d'emplois. Le chômage partiel est plus fréquemment utilisé en Europe en raison d'une tradition de protection forte de l'emploi relativement aux pays plus flexibles comme les États-Unis. En effet, si la protection de l'emploi évite les séparations excessives et diminue les fluctuations d'emploi [Gómez-Salvador *et al.*, 2004], elle peut également empêcher les entreprises d'ajuster leurs coûts rapidement en cas de choc négatif. Cette plus forte rigidité des coûts du travail risquerait de mettre en péril leur solvabilité à court terme en l'absence de possibilité de chômage partiel.

Par rapport au licenciement, le chômage partiel permet aux firmes de diminuer leurs coûts à la suite d'une baisse d'activité tout en préservant la relation d'emploi et donc le capital humain spécifique à la firme. Ceci facilite la reprise de l'activité en évitant à la firme de devoir recruter lorsque la demande rebondit. Ce dispositif apparaît particulièrement adapté au contexte épidémique actuel où de nombreuses entreprises, notamment celles du secteur du commerce et des services, ont été obligées d'interrompre totalement leur activité lors des périodes de confinement.

L'efficacité du chômage partiel ou temporaire avait été clairement mise en évidence lors de la Grande Récession en 2009 où son utilisation massive par l'Allemagne avait réussi à préserver l'emploi, malgré l'ampleur de la récession [Burda et Hunt, 2011]. À la suite de ce succès, de nombreux pays ont réformé et étendu l'accès aux dispositifs de chômage partiel dès le début des années 2010 [Cahuc, 2019].

Des dispositifs de chômage partiel larges et généreux

Les dispositifs de chômage partiel déclenchés au début de la première période de confinement, au mois de mars 2020, se sont appuyés dans certains pays sur des mécanismes ancrés de longue date (Allemagne, Autriche, Belgique, Italie, Suisse), tandis que d'autres pays les ont introduits plus récemment. C'est le cas notamment du Royaume-Uni, dernier pays en date à l'avoir adopté, mais aussi des nouveaux pays membres de l'UE qui l'ont mis en place au moment de la crise financière de 2008-2009.

À la suite de l'application des mesures d'urgence sanitaire et de leurs conséquences sur l'activité, les autorités ont réagi rapidement. Au pire de la crise, les dispositifs ont été rendus plus inclusifs et plus généreux pour les salariés — notamment par rapport à ceux de l'assurance chômage (Royaume-Uni, Danemark surtout, mais aussi France, Portugal ou Belgique) [OCDE, 2020] — et pour les entreprises en reportant une grande partie de la charge salariale sur la collectivité. De même, les modalités de recours au dispositif ont été particulièrement souples. Au fil des mois, toutefois, avec la reprise de l'activité dans les différents secteurs affectés par la crise de la Covid-19, les critères d'éligibilité se sont durcis et l'engagement de l'État (et/ou des services de l'emploi) dans la prise en charge du chômage partiel a progressivement reculé.

L'éligibilité au dispositif est assez large dans tous les pays. L'entreprise qui dépose la demande doit être frappée de fermeture administrative ou subir une baisse d'activité en lien avec la pandémie (un seuil minimal est parfois exigé comme aux Pays-Bas et en Suisse). Les critères de taille sont levés, comme en Italie, tout comme ceux liés à des secteurs spécifiques d'activité. Les salariés concernés car frappés par l'interruption totale ou partielle de travail doivent avoir cotisé à l'assurance chômage. Dans presque tous les pays, les conditions sont assouplies pour inclure les salariés aux statuts les plus précaires : les contrats à court terme, les intérimaires, les apprentis, les travailleurs migrants, les employés de maison, les contrats zéro heure au Royaume-Uni. La durée minimale de cotisations requise pour l'ouverture de droits a souvent été abaissée par rapport à celle qui prévalait avant la pandémie (Espagne, France, Italie, Suisse). Notons toutefois qu'en Allemagne, les *minijobs*, ne cotisant pas à l'assurance chômage, sont exclus du dispositif.

La générosité de l'indemnisation perçue au titre des heures chômées peut en revanche varier sensiblement d'un pays à l'autre. Le montant est calculé à partir de deux facteurs : le taux d'indemnisation et un plafond fixé par les autorités. Le taux d'indemnisation s'échelonne entre 50 % (Pologne) et 100 % (Danemark, Irlande, Pays-Bas) du salaire de référence. Dans la plupart des pays, il se situe autour de 70 % (France, Espagne, Belgique, Estonie, Hongrie) à 80 % (Italie, Royaume-Uni, Suisse, Slovénie, Luxembourg, Slovaquie) du salaire brut. En France, le taux passe à 100 % pour un salaire proche du Smic net (soit 31,97 euros de l'heure), ce qui introduit de fait un plancher d'indemnisation pour les bas salaires. En Belgique, un complément Covid-19 de 5,63 euros par jour complète l'indemnité. En Allemagne et en Autriche, le taux dépend de la situation familiale du salarié et se réfère au salaire net. Or, dans la mesure où les cotisations sociales sont dans la plupart des pays totalement ou partiellement exonérées, le taux d'indemnisation exprimé en pourcentage du salaire net est plus élevé que s'il se réfère au salaire brut. En France, par exemple, le taux passe de 70 % du salaire brut à 84 % du salaire net. En Allemagne, il n'est que de 60 % pour un salarié sans enfant. Les accords de branche, importants dans l'industrie notamment, viennent toutefois compléter le dispositif et instaurent un taux effectif de 100 % dans l'industrie cinématographique, 90 % dans la chimie et 80 % dans la métallurgie. Il n'empêche que la crise frappe essentiellement le secteur des services, moins bien organisé, et qui concentre les bas salaires.

Mais, aussi élevé que soit le taux d'indemnisation, le niveau du plafond d'indemnisation peut relativiser sensiblement la générosité apparente du mécanisme. Ce plafond peut être exprimé en fonction du salaire minimum réglementaire (4,5 Smic en France, 3 salaires minima au Portugal et 2,5 salaires sociaux minima au Luxembourg) ou selon un montant fixe. En Italie, en Espagne et en Belgique, ce montant correspond à peu près au salaire médian. En croisant ces deux critères (taux d'indemnisation et plafond), il ressort selon un rapport de l'OCDE [2020] que, pour un salarié en arrêt total d'activité et payé au niveau du salaire moyen, le taux de remplacement est d'environ 45 % de son salaire en Italie, en Espagne et Belgique, 60 % en Allemagne, 70 % en France et au Portugal, 74 % au Royaume-Uni et 100 % au Danemark. Certains pays ont prévu des aménagements pour les bas salaires. En France, le passage à 100 % du taux d'indemnisation sur les salaires proches du Smic relève le taux de remplacement à 75 %. Au Royaume-Uni, le taux atteint 80 %. Mais c'est surtout dans les pays les moins généreux que les aménagements mis en place pour les bas salaires sont les plus avantageux. En Italie, Espagne et Belgique, le taux de remplacement pour un salaire égal à deux tiers du salaire moyen augmente entre 10 et 20 points et passe à respectivement 60 %, 70 % et 75 % du salaire perçu.

Des niveaux de recours au chômage partiel inédits

Les niveaux de recours observés lors de la crise de la Covid-19 dépassent largement ceux observés lors de la Grande Récession. Si, en 2009, 1 % des salariés français étaient indemnisés par le

Tableau 4. **Part d'emploi salarié au chômage partiel en 2009 et 2020**

En % pour le PIB, en points pour le taux de chômage

	Allemagne	France	Italie	Espagne	Roy.-Uni.
Pic de 2009*	4	1	6	1	—
Avril 2020	15	35	26	22	31

* Le pic a été atteint en mai 2009 en Allemagne, juin 2009 en France et au deuxième trimestre 2010 en Italie. Les données pour l'Espagne portent sur l'ensemble de l'année 2009.

Sources : données nationales, OCDE (2011).

chômage partiel [Cahuc et Carcillo, 2011], en avril 2020, c'est plus d'un salarié sur trois — 35 % des salariés — qui se sont retrouvés en chômage partiel (tableau 4). Le recours est également important en Italie et en Espagne où il concerne environ un quart de l'emploi, et au Royaume-Uni avec 31 % des emplois. Il apparaît relativement moins important en Allemagne, moins touchée par la première vague de l'épidémie.

Les risques d'un chômage partiel prolongé

Si le chômage partiel préserve d'une hausse brutale du chômage et maintient le revenu des travailleurs affectés, le risque est de faire survivre artificiellement des emplois qui économiquement sont voués à disparaître et ralentir une réallocation d'emplois entre secteurs qui s'avérerait inévitable. En particulier, dans l'hypothèse où la crise de la Covid-19 freinerait de manière durable la consommation dans certains secteurs, notamment le secteur touristique ou la restauration, l'utilisation massive du chômage partiel ne fait que retarder le moment où les salariés concernés vont devoir changer d'employeur et d'activité. Des travaux récents montrent que ce risque est réel car l'on observe que ce sont les firmes les moins productives qui tendent à utiliser le chômage partiel [Giupponi et Landais, 2018]. Ainsi, le chômage partiel a permis de limiter les défaillances d'entreprises, notamment dans le cas de la France [Guerini *et al.*, 2020] : malgré la crise de la Covid-19, on a observé une forte réduction du nombre de faillites déclarées en zone euro — 35,8 % de baisse au deuxième trimestre 2020 par rapport au premier trimestre d'après Eurostat —, ce qui suggère que de nombreuses entreprises non rentables sont maintenues artificiellement en activité. Par conséquent, le rebond risque d'être violent : dans le cas de la France, Heyer [2020] estime que 175 000 emplois salariés devraient être détruits en 2021 uniquement en raison de l'accroissement des défaillances d'entreprises liées à la crise de la Covid-19.

Enfin, les efforts budgétaires engagés dans l'indemnisation du chômage temporaire sont si exceptionnels qu'ils pourraient entraîner une crise de la dette souveraine, notamment dans les pays du sud de l'Europe déjà endettés et fortement touchés par la pandémie. Afin d'éviter ce risque, le programme européen SURE (Support to mitigate Unemployment Risks in an Emergency) a été mis en place fin septembre 2020. Ce programme mobilise jusqu'à 100 milliards d'euros pour permettre aux États membres de financer leurs dépenses de chômage partiel par des prêts auprès de la Commission européenne. Début novembre 2020, alors qu'une deuxième vague de confinement débutait, le Conseil européen avait déjà approuvé 88 milliards de prêts.

Un désengagement du chômage partiel freiné par la deuxième vague

Les modalités de désengagement de l'État dans le soutien aux entreprises constituent un enjeu sensible. L'assouplissement des règles sanitaires en Europe à partir de mai-juin 2020 et la reprise graduelle de l'activité ont marqué une amélioration sur le marché du travail, visible notamment à travers la hausse de la durée du travail. Cette embellie s'est accompagnée d'un ajustement des conditions de prise en charge par l'État du coût du chômage partiel, à l'exception des secteurs toujours contraints (bars-restauration, hôtellerie, tourisme, activités sportives et culturelles, transport aérien), ceci dans le but de stimuler le retour à l'emploi.

Certes, les dispositifs ont été reconduits mais adaptés à l'évolution de la pandémie et des règles sanitaires. Établis en mars 2020 sur un contingent maximal d'heures non travaillées ou sur une période initialement fixée à entre troix et six mois dans la plupart des pays, voire douze mois en France et en Allemagne, partout ils ont été renouvelés et prolongés au moins jusqu'au début de l'année 2021. L'Allemagne et la France sont allées plus loin. En août 2020, l'Allemagne prolongeait le dispositif jusqu'à vingt-quatre mois. En France, un nouveau dispositif (activité partielle de longue durée) ciblé sur les entreprises des secteurs affectés à plus long terme a été créé.

Au pic de la crise sanitaire et par conséquent économique, dans la plupart des pays, l'État prenait à sa charge 100 % des coûts salariaux sur les heures chômées. Dans certains pays, le reste à charge laissé à l'entreprise pouvait cependant atteindre, dans le cas d'une suspension totale des heures travaillées, jusqu'à 20 % au Portugal, voire 35 % au Danemark. Avec le déconfinement et la reprise de l'activité, l'État cherche à stimuler la reprise de l'emploi en réduisant sa participation. À partir du 1er juin, en France, le taux d'indemnisation pour le salarié est maintenu à 70 %, mais la prise en charge par l'État passe de 70 % à 60 % de la rémunération brute (à l'exception des secteurs du tourisme, de la culture, bars, restauration, hébergement qui restent sur les anciens taux). En novembre 2020, avant l'apparition de la « deuxième vague », le taux d'indemnisation pour le salarié devait passer à 60 % et la prise en charge par l'État devait être réduite à 40 %. En Espagne, les taux d'exonération baissent mais restent plus importants pour les entreprises en reprise d'activité. Encore une fois, l'Allemagne fait exception. À la différence des autres pays où l'État se désengage, le taux d'indemnisation augmente avec le temps ; il atteint 80 % à 87 % du salaire net au bout de sept mois de chômage partiel (au lieu des 60 %/67 % initiaux).

Avec la reprise de la pandémie à l'automne, le reconfinement s'est généralisé dans l'ensemble de pays européens, les mesures de soutien de l'État au chômage partiel ont été reconduites au moins sur les premiers mois de l'année 2021 et la dynamique de désengagement a été suspendue. En France, la baisse prévue du taux d'indemnisation à 60 % et la hausse du reste à charge pour l'entreprise ont été reportées du 1er novembre au 1er janvier 2021.

À l'occasion de cette crise, les pays ont largement plébiscité le chômage partiel, outil conjoncturel très puissant grâce auquel cette récession inédite n'a eu qu'un faible impact sur l'emploi. Cependant, le pire n'a pas encore été évité, et l'effet de la crise de la Covid-19 sur l'emploi ne pourra s'apprécier que lorsque le dispositif de chômage partiel se tarira et qu'une partie se transformera en chômage structurel : c'est alors que l'on connaîtra le vrai coût de la crise sur l'emploi.

Repères bibliographiques

Angelucci M., Angrisani M., Bennett D. M., Kapteyn A. et Schaner S. G. (2020), « Remote work and the heterogeneous impact of Covid-19 on employment and health », *NBER Working Paper*, n° 27749.

Burd M. C. et Hunt J. (2011), « What explains the German labor market miracle in the Great Recession ? », *Brookings Papers on Economic Activity*.

Cahuc P. (2019), « Short-time work compensation schemes and employment », IZA World of Labor.

Cahuc P. et Carcillo S. (2011), « Is short-time work a good method to keep unemployment down ? », *Nordic Economic Policy Review*, vol. 1, n° 1, p. 133-165.

Dares (2019), « Quels sont les salariés concernés par le télétravail ? », *Dares Analyses*, n° 51, novembre.

Dingel J. I. et Neiman B. (2020), « How many jobs can be done at home ? », *Journal of Public Economics*, vol. 189, n° C.

Ducoudré B. et Madec P. (2020), « Évaluation au 6 mai 2020 de l'impact économique de la pandémie de Covid-19 et des mesures de confinement sur le marché du travail en France », *Policy Brief de l'OFCE*, n° 67, mai.

ECDC (2020), « Covid-19 clusters and outbreaks in occupational settings in the EU/EEA and the UK », *Technical Report*, European Centre for Disease Prevention and Control, Stockholm.

Giupponi G. et Landais C. (2018), « Subsidizing labor hoarding in recessions : the employment and welfare effects of short time work », *CEP Discussion Paper*, n° 1585, décembre.

Givord P. et Silhol J. (2020), « Confinement : des conséquences économiques inégales selon les ménages », *Insee Première*, n° 1822.

Gomez-Salvador R., Messina J. et Vallanti G. (2004), « Gross job flows and institutions in Europe », *Labour Economics*, vol. 11, n° 4, p. 469-485.

Guerini M., Nesta L., Ragot X. et Schiavo S. (2020), « Dynamique des défaillances d'entreprises en France et crise de la Covid-19 », *Policy Brief de l'OFCE*, n° 73, juin.

Heyer É. (2020), « Défaillances d'entreprises et destructions d'emplois : une estimation de la relation sur données macro-sectorielles », *Revue de l'OFCE*, n° 168.

Hijzen A. et Venn D. (2011), « The role of short-time work schemes during the 2008-09 recession », *Documents de travail de l'OCDE sur les questions sociales, l'emploi et les migrations*, n° 115, Éditions de l'OCDE, Paris.

Lewandowski P. (2020), « Occupational exposure to contagion and the spread of Covid-19 in Europe », *IZA Discussion Papers*, n° 13227.

Montenovo L. *et al.* (2020), « Determinants of disparities in Covid-19 job losses », *NBER Working Paper*, n° 27132.

Muller T. et Schulten T. (2020), « Ensuring fair short-time work. A European overview », *ETUI Policy Brief*, n° 7.

OCDE (2020), « Job retention schemes during the Covid-19 lockdown and beyond », *Policy Responses to Coronavirus (Covid-19)*, 3 août.

OFCE, Département Analyse et Prévision (2020), « L'épargne masque la relance. Perspectives 2020-21 pour l'économie mondiale et la zone euro », *Revue de l'OFCE*, n° 168.

Warszawski J. *et al.* (2020), « En mai 2020, 4,5 % de la population en France métropolitaine a développé des anticorps contre le SARS-CoV-2. Premiers résultats de l'enquête nationale EpiCov », *Études et Résultats*, Dress, n° 1167.

III/ La crise de la Covid-19 dans une Europe vieillissante

Frédéric Gannon, Gilles Le Garrec et Vincent Touzé

En Europe, l'allongement de l'espérance de vie s'est réalisé, en partie, grâce à une meilleure prise en charge des malades chroniques (cardiaques, diabétiques, insuffisants rénaux, etc.) avec pour conséquence une baisse de leur mortalité. Mieux soignés, ils vivent plus longtemps. Paradoxalement, le vieillissement induit de la population rend cette dernière plus vulnérable à certains chocs sanitaires. C'est ce que tend à démontrer la crise de la Covid-19.

Fin novembre 2020, la pandémie de Covid-19 a tué près de 50 000 Français et plus de 320 000 Européens. D'après l'European Centre for Disease Prevention and Control, le nombre d'excès de décès serait toutefois limité à environ 170 000 morts. Il serait plus fréquent chez les plus de 65 ans avec une surmortalité annuelle proche de 28 %, et des pics hebdomadaires de l'ordre de 70 % en avril, au cœur de la pandémie. Les données épidémiologiques montrent que les personnes âgées atteintes de la Covid-19 ont des risques élevés de développer des formes graves et d'en décéder.

Partout en Europe de l'Ouest, près de 95 % des personnes décédées avaient plus de 60 ans. Cela ne signifie pourtant pas que la situation est identique dans tous les pays. Par exemple, fin novembre, le taux de mortalité de la Covid-19 est en France plus de quatre fois supérieur à celui de l'Allemagne. La démographie serait-elle en cause ? Ou encore la géographie, l'état de santé des populations, l'intervention publique… ? La multitude de facteurs possibles rend la compréhension du phénomène particulièrement complexe.

Encadré 1. Taux de létalité et de mortalité

Le taux de mortalité est la combinaison du taux de contamination au virus et du taux de létalité. Le taux de contamination mesure le pourcentage de personnes infectées. Le taux de létalité mesure le taux de mortalité des personnes infectées.

Du fait de l'importance du nombre de cas pré-symptomatiques, voire asymptomatiques, le nombre de personnes infectées est difficile à mesurer, ce qui pose d'importants problèmes de calcul des taux de contamination et de létalité, et donc de comparaison entre pays. Seules des campagnes massives de tests non sélectives, avec un suivi longitudinal, permettraient de disposer d'une mesure fiable. En revanche, il est plus facile de compter le nombre de personnes atteintes de formes sévères et les décès, puisque ces derniers présentent des formes pathologiques suffisamment caractéristiques pour conduire à un test.

Le taux d'exposition va dépendre de la capacité de la population à se protéger du virus (gestes barrières, masques, confinement, tests précoces et isolement, etc.). Le taux de létalité est fonction de l'état de santé des personnes infectées et de la capacité de prise en charge médicale (précocité de la détection, traitement des formes graves, saturation ou non des services d'urgence, etc.).

Cette pandémie a mis à rude épreuve nos sociétés vieillissantes, mais elle a aussi montré notre capacité d'adaptation : 1) les systèmes socio-sanitaires ont dû et ont su résister ; 2) le maintien du financement des pensions et de la santé a été rendu possible au prix d'un endettement public massif.

Un vieillissement en Europe particulièrement vulnérable face au virus

La littérature médicale confirme un taux de létalité qui augmente de façon exponentielle avec l'âge (voir encadré 1). Plusieurs éléments explicatifs sont à mettre en avant : la vieillesse est synonyme de comorbidités et de dégradation du système immunitaire. La personne âgée est donc plus vulnérable face à ce nouveau virus et plus susceptible de développer des formes graves d'insuffisance respiratoire.

L'âge biologique est un facteur clé de la fragilité individuelle face à la Covid-19

L'âge et les maladies préexistantes à la pandémie (liées à l'âge) sont interdépendants, le nombre et la gravité des secondes sont corrélés au premier. Plus précisément, les études révèlent que

Graphique 1. **Taux de létalité : résultats de deux méta-analyses**

En % du nombre de cas infectés

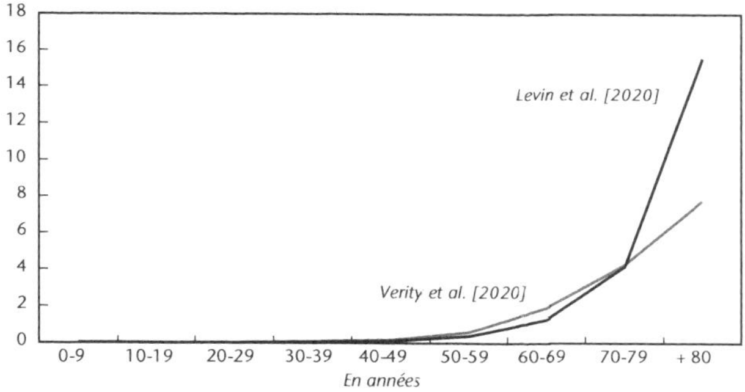

Sources : Levin *et al.* [2020] et Verity *et al.* [2020].

l'âge biologique détermine la probabilité individuelle de décès de la Covid-19. L'âge biologique associe l'âge chronologique, les maladies liées à l'âge et le genre. La combinaison de l'ensemble de ces maladies (et de celles préexistantes) est donc un marqueur de l'âge biologique [Blagosklonny, 2020]. La probabilité de mourir de la Covid-19 est donc proportionnelle à celle de mourir à cause du seul vieillissement à tout âge.

Une mortalité des personnes âgées accrue

Le graphique 1 retrace les profils par âge du taux de létalité. À défaut d'un consensus parfait entre les deux études, on observe une similarité avec un taux qui augmente de façon exponentielle avec l'âge et qui atteint entre 8 % et 16 % des personnes infectées de plus de 80 ans.

Dans la plupart des pays européens [Comas-Herrera et Fernandez, 2020], les établissements pour personnes âgées ont concentré de nombreux cas de décès : de 34 % pour le Danemark jusqu'à 58 % en Norvège, en passant par 37 % en Allemagne et 51 % en France. Le recours à ces institutions est souvent incontournable pour des personnes âgées en perte d'autonomie.

Les différences de la mortalité en institution entre pays peuvent s'expliquer par un accès variable à ces dernières.

Plusieurs éléments favorisent une exposition plus importante : les institutions peuvent devenir des clusters ; les résidents sont très âgés et en mauvaise santé.

Une étude sur la surmortalité des personnes âgées de plus de 70 ans dans la région de Stockholm [Branden *et al.*, 2020] montre en effet que celles vivant en institution sont exposées à un risque plus élevé, lié au contact avec les visiteurs et le personnel, mais aussi à leur niveau de santé plus dégradé que celui de leurs homologues résidant à leur domicile. Plus précisément, le type de logement et la composition du ménage apparaissent corrélés à l'infection ainsi qu'aux différences de mortalité entre régions et entre pays. Les auteurs dégagent des données dont ils disposent deux profils distincts relatifs aux facteurs de risque quant à la létalité de la Covid-19. Le premier est la mixité du ménage vivant à domicile en termes d'âge, comparée à la situation d'homogénéité (personnes âgées uniquement). La mortalité est significativement moindre dans la seconde configuration. La raison avancée par les auteurs tient à un isolement plus efficace. Ils soulignent le rôle positif des achats en ligne des biens de première nécessité et de la pratique en Suède des consultations en ligne bien avant l'apparition de la pandémie. Le second profil, relatif aux institutions pour personnes âgées, est une surmortalité significative. Il ressort de l'analyse que l'exposition au voisinage — dont la densité est une mesure — est l'une des variables clés de l'écart de mortalité de la Covid-19 chez les personnes âgées. Le risque s'accroît encore avec le nombre de cas confirmés dans ce même voisinage, même si les plus de 70 ans de Stockholm sont majoritairement en auto-isolement.

Il est à noter que la qualité des établissements d'hébergement pourrait jouer un rôle déterminant dans la surmortalité des personnes âgées de plus de 70 ans [Cronin et Evans, 2020].

Une mortalité disparate en Europe

La partie précédente souligne que la Covid-19 est une maladie du grand âge quant à sa létalité, avec des taux probablement comparables entre les pays développés. En revanche, lorsqu'on décompte le nombre de décès engendrés par cette maladie dans les principaux pays d'Europe de l'Ouest, les situations nationales sont nettement tranchées. Au moment où la

France dépassait les 50 000 morts (25 novembre), soit un taux de mortalité de 769 morts par million d'habitants, la Norvège n'enregistrait qu'un taux de 58 morts (voir tableau 1). À l'inverse, à cette même date, la Belgique enregistrait 1 373 morts par million d'habitants, devenant le pays le plus impacté du monde, avec une mortalité relative près de 24 fois supérieure à celle de la Norvège. Entre ces deux extrêmes, les pays du nord de l'Europe que sont le Danemark, l'Allemagne et l'Autriche font plus que résister avec des taux respectivement de 137, 178 et 285 morts. À cet égard, Pays-Bas et Suède, autres pays du nord de l'Europe, obtiennent des résultats nettement moins bons avec des taux respectifs de 527 et 642 décès. Enfin, outre la Belgique, l'Espagne et l'Italie au sud de l'Europe ainsi que le Royaume-Uni sont les plus impactés avec des taux de 943, 849 et 821 morts par million d'habitants.

Dans l'attente de solutions efficaces (traitement ou vaccin) pour contrer le virus, identifier les facteurs expliquant cette disparité est crucial pour repérer d'éventuelles issues à la crise sanitaire.

Âge et santé de la population en Europe de l'Ouest

Puisque les morts de la Covid-19 sont des personnes âgées, un pays à la population plus âgée devrait être d'autant plus impacté. Toutefois, le poids des plus de 60 ans comme critère d'âge de la population est peu corrélé (0,29) au taux de mortalité de la Covid-19 et non significatif (tableau 1). En revanche, si l'on se concentre sur la population des plus de 80 ans, la corrélation augmente (0,54) et devient significative. En effet, les deux pays présentant les plus forts pourcentages de plus de 80 ans sont l'Italie et l'Espagne, représentant respectivement 6,9 % et 6,2 % de la population, qui par ailleurs sont deux des pays aux plus forts taux de mortalité due à la Covid-19. À l'inverse, Norvège et Danemark sont les deux pays présentant à la fois la plus faible proportion de personnes de plus de 80 ans, avec respectivement 4,2 % et 4,4 % de leur population, et les taux de mortalité les plus bas. Bien que corrélé, ce facteur démographique est loin d'être suffisant pour capter l'intégralité des différences de mortalité entre les pays d'Europe de l'Ouest.

Pour caractériser l'état de santé d'une population et ses comorbidités, il est nécessaire d'appréhender la multiplicité des maladies associées aux cas graves, telles que le diabète, l'hypertension, les cancers, l'insuffisance respiratoire, ... La prévalence de l'obésité, état caractérisé par un indice de masse corporelle (IMC) supérieur à 30, est un indicateur intéressant car il est associé à un risque majeur pour les maladies cardio-vasculaires, le diabète et certains cancers. Le constat est que le pays qui présente le taux d'obésité dans sa population le plus élevé est le Royaume-Uni avec 29,7 %, un pays qu'on a pu qualifier de durement impacté par la Covid-19 en termes de mortalité, mais que le second est l'Allemagne, avec 25,7 %, qui est pourtant l'un des pays européens les moins touchés par la pandémie. En définitive, même si la corrélation observée (égale à 0,2) va dans le sens d'un lien positif entre la prévalence de l'obésité et la mortalité, ce lien est trop faible pour être significatif.

Pour approfondir le lien entre santé de la population et mortalité due à la Covid-19, l'espérance de vie en bonne santé à 65 ans exprimée en proportion de l'espérance de vie est censée être un indicateur pertinent. Les données reportées dans le tableau 1 attestent d'une corrélation entre cet indicateur et la mortalité certes négative (– 0,42) mais non significative.

Facteurs socio-géographiques et distances barrières

Dans l'état des connaissances actuelles comme indiqué par l'OMS, la Covid-19 se propage principalement par des gouttelettes respiratoires entre personnes qui sont en contact direct et étroit (moins d'un mètre de distance) les unes avec les autres. La diffusion du virus est donc favorisée par la fréquence des contacts humains. Ces contacts sont *a priori* d'autant plus facilités dans des communautés fortement urbaines que dans des zones rurales ou intermédiaires. De façon très singulière, les deux pays à la plus faible proportion de population urbaine sont le Danemark et la Norvège avec des taux de 22,9 % et 24,5 % quand la moyenne des pays étudiés est de 47,5 %. En résumé, la proportion de population urbaine apparaît fortement et significativement corrélée à la mortalité avec un taux de 0,68. Les deux préconisations sanitaires, limitation des contacts humains et respect des distances barrières, semblent plutôt discriminantes pour limiter la pandémie.

D'après l'étude de Brun et Simon [2020] réalisée en Seine-Saint-Denis, département le plus pauvre de France, les préconisations sanitaires sont souvent plus difficiles à respecter par les populations les plus défavorisées. La suroccupation des logements y est plus forte, favorisant la transmission du virus.

Par ailleurs, la cohabitation multigénérationnelle y est plus fréquente, expliquant une plus forte transmission du virus aux personnes âgées plus susceptibles de développer des formes graves et d'en mourir. Les auteurs soulignent que les populations les plus pauvres sont surreprésentées parmi les ouvriers et les employés, des professions non éligibles au télétravail, et donc potentiellement plus exposées au virus.

Aussi les différences nationales de taux de pauvreté (proportion d'individus dont le revenu est inférieur à 50 % du revenu médian) pourraient-elles expliquer des sensibilités d'exposition au virus. On observe d'un côté que Danemark et Norvège, deux pays scandinaves particulièrement épargnés par la pandémie, sont caractérisés par des taux de pauvreté faibles. De l'autre côté, Espagne et Italie ont les taux de pauvreté les plus élevés parmi les pays d'Europe de l'Ouest étudiés. Ainsi, l'association entre pauvreté et mortalité de la Covid-19 se confirme avec un taux de corrélation de 0,53 significatif.

Rôle des nouvelles politiques publiques

Pour contrer l'expansion de la pandémie en Europe, les gouvernements ont réagi en instaurant de nouvelles politiques sanitaires de gestes barrières (port du masque obligatoire, lavage des mains, etc.) et de distanciation sociale telle que l'interdiction des regroupements publics, la fermeture des restaurants, des écoles, les restrictions de déplacement, et ce jusqu'au confinement national. En Europe, l'Italie, impactée précocement, a été la première à instaurer un tel confinement dès le 9 mars, suivie par l'Espagne le 14 puis la France le 17 du même mois. Après avoir favorisé dans un premier temps une stratégie d'immunité collective, le Royaume-Uni s'est résolu, après la montée exponentielle des cas, à un confinement global un peu plus tardif à partir du 23 mars. Seule la Suède a persisté dans une stratégie d'immunité collective sans confinement. Lors de la deuxième vague, le confinement a été massivement reconduit par les différentes autorités nationales pour le mois de novembre, une nouvelle fois à l'exception de la Suède. Mais ces mesures obligatoires de distanciation sociale ont-elles été réellement efficaces ? Pour s'en convaincre, la comparaison des taux de mortalité entre la Suède et la Norvège, deux pays très similaires, montre une différence très tranchée : fin novembre 2019, la Norvège affichait 11 fois moins de morts de la Covid-19 par habitant que la Suède. Pourtant la démons-

Tableau 1. **Facteurs associés à la mortalité de la Covid-19 en Europe de l'Ouest**

	Nombre de décès de la Covid-19 (par million d'hab.) = taux de mortalité	Structure de la population		Santé de la Population		Distances de barrières		Politiques publiques	
		> 65 ans (%)	> 80 ans (%)	Obésité (> 20 ans, %)	EVSI à 65 ans (%)	Population urbaine (%)	Taux de pauvreté (%)	Nb. de tests (1000 hab.)	Efficacité du gouver-nement
Belgique	1 373	18,6	5,6	24,7	54,7	53,4	10,1	493	1,03
Espagne	934	19,1	6,2	27,1	57,8	63,3	14,8	469	1,00
Italie	849	22,4	6,9	22,9	46,2	48,0	13,9	343	0,46
Royaume-Uni	821	18,2	4,9	29,7	54,1	74,4	11,7	611	1,44
France	769	19,5	6,0	23,2	46,5	35,4	8,1	307	1,38
Suède	642	19,8	5,1	22,1	76,7	50,5	8,9	288	1,83
Pays-Bas	527	18,7	4,5	23,1	49,4	74,2	8,3	227	1,80
Autriche	285	18,6	4,9	21,9	37,7	32,1	9,4	325	1,49
Allemagne	178	21,3	6,1	25,7	60,6	43,5	10,4	315	1,59
Danemark	137	19,2	4,4	21,3	59,2	22,9	5,8	1 203	1,94
Norvège	58	16,8	4,2	25,0	77,8	24,5	8,4	398	1,86
Moyenne	598	19,3	5,3	24,2	7,8	47,5	10,0	453	1,44
Corrélation avec le taux de mortalité (log)		**0,29**	**0,54***	**0,20**	**– 0,42**	**0,68****	**0,53***	**– 0,26**	**– 0,64****

Note : Observations de mars à fin novembre 2020. EVSI = Espérance de vie sans incapacité (en % de l'espérance de vie totale). * significatif au seuil de 10 %, ** 5 %, *** 1 %.

Sources : OCDE, OMS, BM, Worldometer et calculs des auteurs.

Encadré 2. Efficacité gouvernementale

L'indice d'efficacité du gouvernement (*Government Effectiveness*) calculé par la Banque mondiale synthétise « les perceptions de la qualité des services publics, de la qualité de la fonction publique et le degré de son indépendance face aux pressions politiques, de la qualité de la formulation et de la mise en œuvre des politiques et de la crédibilité de l'engagement du gouvernement envers de telles politiques » [Kaufmann *et al.*, 1999]. Cet indice pondère les avis des experts des principales agences de développement (la Banque européenne pour la reconstruction et le développement – BERD – par exemple) et les données d'enquêtes menées auprès des acteurs privés résidents de l'économie (individus et entreprises).

L'indice d'efficacité du gouvernement existe depuis 1996, avec une mise à jour sur un rythme bisannuel jusqu'en 2002, annuel ensuite. L'échelle normalisée est comprise entre – 2,5 et 2,5. D'une manière générale, les résultats désignent l'Europe de l'Ouest (avec l'Amérique du Nord) comme la région du monde à l'efficacité (perçue) la plus élevée en moyenne, l'Afrique subsaharienne étant la plus faible. Les valeurs reportées dans le tableau 1 sont celles de l'année 2019, et sont donc indépendantes des conséquences de la crise de la Covid-19. De manière symptomatique, on y observe que l'efficacité perçue des politiques publiques est plus forte dans les pays du nord de l'Europe que dans les pays du sud.

tration formelle de l'efficacité est délicate. D'un côté, les résultats de plusieurs études [voir Flaxman *et al.*, 2020, pour l'Europe] soutiennent bien que ces mesures sont efficaces pour réduire la propagation de l'épidémie. D'un autre côté, certains soutiennent [voir Atkeson *et al.*, 2020, pour une synthèse] que la nature d'une pandémie virale est de décroître naturellement au bout d'un certain temps, et donc que les études surestiment l'efficacité de la distanciation sociale.

La lutte active des gouvernements contre l'expansion de la pandémie s'incarne également par leur capacité de tests. Identifier les cas positifs pour les traiter (bien que l'efficacité des traitements fasse toujours débat) mais surtout pour les isoler. Toutefois, la corrélation avec le nombre de tests mesurée est faible (– 0,26) et non significative. Le nombre de tests n'est pas nécessairement un indice de performance de la politique de tests, mais probablement plus son usage. Tout dépend de qui est testé, jeunes ou seniors, symptomatiques ou asymptomatiques, le délai d'attente des résultats et la gestion des individus testés positifs. Si ces derniers ne s'isolent pas, la politique est sans effet sur la propagation du virus. Par ailleurs, certains pays comme l'Allemagne ont réussi à mettre en place précocement une politique de tests, ce qui a pu être plus efficace que des campagnes massives lancées tardivement à l'instar de pays comme la France.

En définitive, l'appréciation de la capacité du gouvernement à lutter contre la pandémie peut aussi dépendre de son aptitude globale à mettre en place des politiques publiques efficaces. Dans la lignée de Liang *et al.* [2020], l'indice d'efficacité des politiques publiques, calculé par la Banque mondiale (voir encadré 2), se révèle fortement corrélé avec la mortalité : le Danemark et la Norvège ont les indices d'efficacité gouvernementale les plus élevés des pays d'Europe de l'Ouest, alors que la Belgique, l'Espagne et surtout l'Italie ont les indices d'efficacité les plus faibles. La corrélation est élevée (– 0,64) et très significative.

Quel bilan pour nos sociétés européennes vieillissantes ?

Puisque la Covid-19 frappe plus massivement les personnes âgées, cela signifie aussi qu'elle a un impact sur l'organisation des sociétés européennes pour traiter de la question du vieillissement, et a nécessité l'adaptation de l'intervention publique.

Les réponses publiques apportées au vieillissement sont multiples. La première est d'ordre socio-sanitaire, avec des politiques de santé publique qui visent à offrir une structure de soins adaptée aux profils des personnes âgées malades ainsi qu'une capacité de prise en charge et de prévention de la perte d'autonomie. La seconde est d'ordre financier avec un financement public de l'édifice social (santé — assurance et offre — et système public de retraite).

Les politiques publiques pour les personnes âgées visent à favoriser le « bien-vieillir », à savoir un état de santé préservé ainsi qu'un maintien dans l'autonomie.

La crise sanitaire a mis à rude épreuve les systèmes de soins, en particulier le secteur hospitalier qui a dû faire face très rapidement à une vague d'arrivées massives de malades nécessitant une prise en charge parfois très lourde et conduire à une réanimation. Une nouvelle organisation hospitalière a été nécessaire avec une partition des hôpitaux entre zones Covid et non-Covid. Le report des opérations « non » essentielles a permis de libérer des lits, mais ce report de soins n'est pas toujours sans incidence sur l'état de santé de ces personnes en situation non urgente. Au niveau européen, les tensions ont été les plus marquées en Italie et en Espagne.

Tableau 2. **Offre sanitaire en Europe de l'Ouest**

	Nb. Lits – Soins int. (100 000 hab.)	Nb. Infirmiers (1 000 hab.)	Nb. Lits en LTC (1 000 65+)	Nb. Travailleurs par lit en LTC
Belgique	17,4	11,0	71,2	0,7
Espagne	9,7	5,7	44,1	1,0
Italie	8,6	5,8	18,6	1,0
Royaume-Uni	10,5	7,8	45,6	0,7
France	16,3	10,5	51,0	0,5
Suède	—	10,9	70,6	1,8
Pays-Bas	6,7	10,9	74,8	1,1
Autriche	28,9	6,9	46,7	0,9
Allemagne	33,9	12,9	54,4	0,9
Danemark	7,8	10,0	48,7	1,7
Norvège	8,5	17,7	46,2	2,7
Moyenne	14,8	10,0	52,0	1,2
Corr. (log(taux de mortalité)	–0,12	–0,65**	0,1	–0,73***

LTC : *Long term care*, ce terme désigne des établissements d'hébergement médicalisés pour personnes âgées. * significatif au seuil de 10%, ** 5%, *** 1%.

Source : OCDE et calculs des auteurs.

Les structures d'hébergement médicalisées qui accueillent les personnes âgées ont aussi été mises à rude épreuve (voir *infra*). Ces institutions souvent médicalisées ont dû s'adapter pour limiter les risques de propagation intra- et extra-établissement.

Le tableau 2 récapitule les informations relatives à l'importance de l'offre sanitaire en nombre de lits (en soins intensifs ou en institutions pour personnes âgées) ainsi qu'en nombre de soignants (infirmiers par millier d'habitants ou travailleurs par lit en institution médicalisée pour personnes âgées). Si le nombre de morts de la Covid-19 semble peu corrélé, voire pas du tout, aux indicateurs de nombre de lits, il est plutôt bien corrélé aux indicateurs de nombre de soignants, ce qui pourrait signifier qu'au-delà de la capacité d'accueil sanitaire, qui n'aurait pas atteint des seuils significatifs de saturation et de refus de patients, le nombre de soignants peut jouer un rôle primordial dans la prise en charge des malades.

L'Allemagne, qui ne connaissait pas de tension dans ses hôpitaux, a joué la solidarité en accueillant des malades graves des pays voisins grâce à de nombreux lits en soins intensifs mis à disposition.

L'accès à des médicaments spécifiques et des appareils de réanimation a fait ressurgir la question de l'autosuffisance de l'industrie médico-pharmaceutique européenne pour répondre aux besoins nationaux en situation d'urgence.

La crise sanitaire a aussi rappelé que, dans le domaine épidémiologique, la santé était une affaire publique du fait de l'interaction de la contamination des uns et du comportement sanitaire des autres. Elle a ainsi souligné la limite des libertés individuelles lorsque les externalités sont trop fortes. Cette crise montre aussi la difficulté de mettre en place une politique sanitaire sélective au détriment de la liberté des personnes âgées, car une telle politique peut également être jugée discriminante. De plus, la crainte de tomber malade a pu, pour de nombreuses personnes âgées, réduire les actions de prévention consistant notamment à consulter de façon régulière son médecin ou à reporter *sine die* un examen médical, ce qui n'est pas sans incidence sur leur état général de santé.

La lutte contre l'isolement des personnes âgées a été une priorité des politiques publiques en Europe. L'isolement est souvent consécutif de la réduction du cercle de connaissances (veuvage, décès de proches autres que le conjoint(e), éloignement des enfants) ainsi que des pertes fonctionnelles motrices ou neurologiques réduisant la mobilité et l'interaction sociale. Les mesures de sécurité sanitaire ont contraint les personnes âgées à se distancier encore plus, en limitant les visites aussi bien à domicile qu'en institution, ce qui a pu renforcer leur état d'isolement et les fragiliser.

Le financement public de l'édifice social a pu être maintenu en Europe grâce à la capacité des États à s'endetter massivement dans un contexte de forte réduction des rentrées fiscales. Outre la préservation, voire le renforcement, de l'offre sanitaire, le financement public a aussi permis de garantir le financement de l'assurance santé et, par voie de conséquence, l'accès aux soins, ainsi que celui des retraites par répartition, et donc de maintenir le pouvoir d'achat des retraités. Toutefois, pour les retraités domiciliés dans des États où la pension par capitalisation a un poids important (par exemple, Pays-Bas et Royaume-Uni), la chute des cours boursiers a pu peser sur le bilan financier des fonds de pension, ce qui pourrait conduire à d'éventuels ajustements futurs sur les pensions ou des plans de recapitalisation, en cas de remontée insuffisante du prix des actifs financiers.

Conclusion

La crise de la Covid-19 a bouleversé nos sociétés modernes qui ont dû s'adapter pour protéger leurs populations et en particulier leurs aînés. Elle questionne le mythe de l'éternel allongement de l'espérance de vie et la vulnérabilité de la vieillesse. Désormais, la sortie de la pandémie repose sur la limitation de la circulation du virus et l'immunité collective acquise par contamination ou vaccination ainsi que sur la capacité à trouver des thérapies plus efficaces.

Cette crise fait ressurgir la question de la valeur de la vie humaine. Pour sauver des vies, en particulier celles des personnes âgées, et dans la perspective de sortie rapide de la crise sanitaire, le choix des sociétés européennes a montré que le sacrifice acceptable à court terme pouvait être très élevé en termes de perte de production (– 8,1 % de perte de PIB en 2020 avec un rebond prévu de 5,1 % en 2021 pour l'Union européenne à 28, d'après Dauvin *et al.* [2020]. Toutefois, les conséquences sociales (faillites d'entreprises, pertes d'emploi, entrée en pauvreté, état de santé, etc.) à moyen terme pourraient être lourdes, appelant à un véritable bilan approfondi.

Repères bibliographiques

Atkeson A., Kopecky K. et Zha T. (2020), « Four stylised facts about Covid-19 », *NBER Working Paper*, n° 27719, août.

Blagosklonny M. V. (2020), « From causes of aging to death from Covid-19 », *Aging*, vol. 12, n° 11.

Branden M. *et al.* (2020), « Residential context and Covid-19 mortality among adults aged 70 years and older in Stockholm », *The Lancet Healthy Longevity*, vol. 1, n° 2.

Brun S. et Simon P. (2020), « Surmortalité due à la Covid-19 en Seine-Saint-Denis : l'invisibilité des minorités dans les chiffres », Ined, juillet.

Comas-Herrera A. et Fernandez J.-L. (2020), « England : estimates of mortality of care home residents linked to the Covid-19 pandemic », *Report*, LTCcovid.org, International Long-Term Care Policy Network, CPEC-LSE, 17 mai.

Cronin C. et Evans W. N. (2020), « Nursing home quality, Covid-19 deaths, and excess mortality », *NBER Working Paper*, n° 28012, octobre.

Dauvin M. *et al.* (2020), « Évaluation au 11 décembre 2020 de l'impact économique de la pandémie de Covid-19 en France et perspectives pour 2021 », *Policy Brief de l'OFCE*, n° 81, décembre.

FLAXMAN S. *et al.* (2020), « Estimating the effects of non-pharmaceutical interventions on Covid-19 in Europe », *Nature*, vol. 584, août.

KAUFMANN D., KRAAY A. et ZOIDO-LOBATON P. (1999), « Governance matters », *Policy Research Working Paper*, The World Bank, Washington, DC.

LEVIN A. T. *et al.* (2020), « Assessing the age specificity of infection fatality rates for Covid-19 : meta-analysis & public policy implications », *NBER Working Paper*, n° 27597, octobre.

LIANG L., TSENG C., HO H. et WU C. (2020), « Covid-19 mortality is negatively associated with test number and government effectiveness », *Nature Research*, juillet.

VERITY R. *et al.* (2020), « Estimates of the severity of coronavirus disease 2019 : a model-based analysis », *Lancet Infectious Diseases*, vol. 20, n° 6.

IV/ La BCE face à la crise de la Covid-19

Christophe Blot et Paul Hubert

Comme lors de la crise financière de 2008-2009, les banques centrales ont été en première ligne pour apporter une réponse à la crise de la Covid-19. Elles ont rapidement réagi en déployant l'ensemble des outils dont elles disposaient afin d'assouplir l'orientation de la politique monétaire, éviter une crise de liquidité et le tarissement des financements accordés aux ménages et aux entreprises. L'objectif de ces mesures n'était pas uniquement de stimuler la demande, mais aussi d'éviter une amplification financière du choc. Ce nouvel épisode de crise a aussi rappelé le rôle que jouent les politiques d'achat de titres souverains afin d'accompagner les mesures budgétaires mises en œuvre par les gouvernements. Dans la zone euro, les mesures lancées par la BCE permettent de contenir les écarts de taux d'intérêt souverains entre les pays de l'union monétaire favorisant une transmission plus homogène de la politique monétaire.

Après avoir présenté les différentes mesures prises par la BCE depuis mars 2020, nous discutons de leurs finalités et des éventuelles marges de manœuvre restant à sa disposition.

L'action de la BCE pendant la crise de la Covid-19

Depuis mars 2020, la propagation de l'épidémie a contraint de nombreux pays à prendre des mesures prophylactiques se traduisant par une limitation des interactions physiques. Il est alors devenu de plus en plus évident que de telles décisions allaient provoquer une chute de l'activité. Anticipant les baisses de PIB, les banques centrales ont réagi rapidement prenant différentes mesures expansionnistes. Aux États-Unis et au Royaume-Uni, les banques centrales ont d'abord baissé les taux d'intérêt. Dans la zone euro, les marges de manœuvre de la BCE sur les taux directeurs étaient plus limitées puisque le taux des opérations principales de refinancement était déjà à 0 % depuis mars 2016 ; celui des facilités de dépôt était même négatif (– 0,5 %)[1].

Contrainte par ce niveau plancher pour les taux d'intérêt directeurs, la BCE a directement renouvelé ou amplifié les mesures dites non conventionnelles. Parmi ces décisions, on peut distinguer les interventions portant sur la liquidité accordée aux banques des opérations d'achat d'actifs. Notons que même si la Réserve fédérale ou la Banque d'Angleterre disposaient de marges de manœuvre sur les taux d'intérêt, elles ont aussi eu recours à ces mesures.

Contrairement à 2008-2009, la crise ne trouve pas son origine dans la fragilité du système financier. Néanmoins, les perspectives de récession auraient pu fragiliser les banques et susciter la défiance. Il a donc semblé nécessaire à la BCE de prévenir tout risque de pénurie de liquidités en proposant dès le mois de mars des opérations supplémentaires de refinancement à long terme (LTRO). Ces prêts aux établissements de crédit de la zone euro permettent de fournir un refinancement pour une maturité allant de trois mois à trois ans en échange de garanties (collatéraux) apportées par les banques emprunteuses. Ces opérations garantissent un accès à la liquidité lorsque les banques ne souhaitent plus faire de prêts sur le marché interbancaire. Ce dispositif a été complété par des opérations de maturité plus longue : les PELTRO (*Pandemic emergency long-term refinancing operations*). Il s'agit d'opérations d'octroi de liquidités étalées entre mai et décembre 2020, et dont la maturité va de juillet à septembre 2021[2] . Par ailleurs, étant donné le rôle du dollar dans les transactions financières internationales, les lignes de *swap* entre les principales banques centrales ont été renouvelées pour maintenir la liquidité sur le marché interbancaire international.

1 Le taux des facilités de dépôt est celui auquel les réserves excédentaires des banques commerciales au bilan de la BCE sont rémunérées. La BCE a introduit le 12 septembre 2019 un système de palier, dans lequel une fraction de ces réserves est exemptée de ce taux, aujourd'hui en territoire négatif.

2 La maturité de ces opérations va de seize à huit mois.

La BCE, tout comme la Banque d'Angleterre, encourage également les prêts aux entreprises *via* les TLTRO (*Targeted long-term refinancing operations*) et le TFSME (*Term funding scheme with additional incentives for SMEs*). L'objet de ces dispositifs est toujours d'octroyer un refinancement aux banques, mais cette fois-ci conditionnellement aux crédits qui ont été accordés aux agents non financiers au cours de l'année écoulée et plus particulièrement aux petites et moyennes entreprises.

Le second volet des interventions des banques centrales s'appuie sur la reprise ou l'extension des programmes d'achat d'actifs. Dans la zone euro, la première décision du 12 mars a consisté à accroître les achats dans le cadre du programme existant dénommé APP (Asset Purchase Programme). Christine Lagarde a ainsi annoncé 120 milliards d'achats supplémentaires. Cette mesure a cependant été rapidement jugée insuffisante, entraînant une vive tension sur les marchés de dette souveraine. C'est pourquoi la BCE a lancé, le 18 mars, un nouveau programme de 750 milliards d'euros, le PEPP (Pandemic Emergency Purchase Programme). Le plafond a été augmenté de 600 milliards le 4 juin puis de 500 milliards le 10 décembre. Non seulement les montants envisagés étaient beaucoup plus importants, mais la finalité des programmes était également différente. La présidente de la BCE souhaitait en effet limiter les écarts de taux d'intérêt souverain entre pays de la zone euro, précisant notamment qu'un certain degré de flexibilité serait autorisé afin de limiter les tensions qui pourraient apparaître sur certains marchés de dette souveraine. En effet, en l'absence de marché unique pour les émissions d'obligations en zone euro, la BCE s'est imposé, pour les achats d'actifs souverains, le respect d'une clé de répartition géographique proportionnelle à la part des différents pays dans le capital de la BCE.

Ces différentes mesures se sont rapidement répercutées sur le bilan de l'Eurosystem (graphique 1), qui est ainsi passé de 4 700 milliards d'euros en février 2020 à 6 900 milliards début décembre 2020, soit une hausse de 18 points de PIB de la zone euro de l'année 2019. Cette fois-ci, l'accroissement de la taille du bilan résulte de l'augmentation simultanée des titres émis par des unités résidentes — majoritairement des obligations souveraines — et des opérations de liquidité.

Graphique 1. **Actifs de l'Eurosystem**

En milliards d'euros

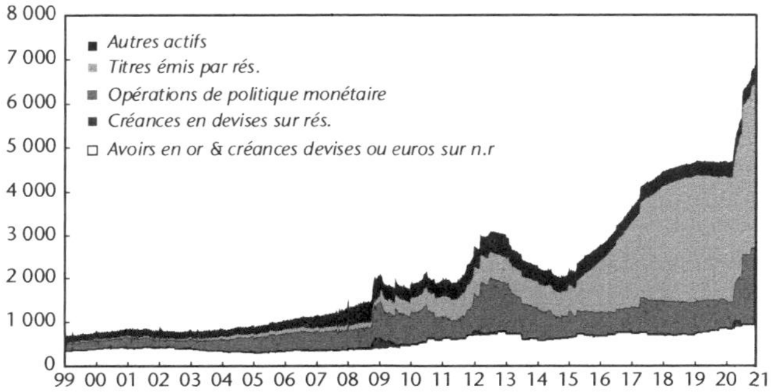

Source : BCE.

Diverses actions servant différentes finalités

La panoplie de ces instruments répond à la nécessité d'une action servant plusieurs objectifs. En effet, même si la crise n'est pas de nature financière, elle a d'abord provoqué une forte incertitude et exposé le système financier à d'éventuelles pertes qui seraient la conséquence de la récession. La situation macroéconomique actuelle, caractérisée par une baisse de l'activité et de l'inflation, plaide donc pour une politique monétaire plus expansionniste. C'est ce que suggère la fonction de réaction de la banque centrale, l'invitant à baisser son taux directeur lorsque c'est possible ou à faire des achats de titres pour peser sur la partie longue de la courbe des taux et à soutenir l'activité de crédit au secteur réel. Il est cependant possible que l'outil de politique monétaire ne soit pas le plus approprié dans le contexte actuel et que la politique budgétaire soit plus efficace pour soutenir l'activité. Le rôle de la politique monétaire peut être alors d'accompagner la politique budgétaire en permettant un financement de ces dépenses au taux d'intérêt le plus bas possible. C'est la finalité des programmes d'achat d'actifs publics.

De par son caractère inédit, la crise de la Covid-19 a engendré une importante incertitude qui aurait pu se traduire par une forte défiance au sein du système financier et provoquer une crise de liquidité si les banques avaient vu leur accès à la liquidité de marché se tarir. Dans ces conditions, le rôle des banques centrales est d'être le prêteur en dernier ressort. C'est pourquoi il est important de garantir le refinancement des banques commerciales en proposant des opérations supplémentaires, en élargissant leur maturité et en assouplissant les exigences relatives aux garanties. Même si l'issue de la crise reste incertaine, il semble pour l'instant que la BCE ait réussi à éviter la panique.

Au-delà du soutien à la liquidité bancaire, le rôle de la politique monétaire en temps de crise est de stimuler la demande et notamment d'encourager la distribution de crédit. Cette action passe généralement par la baisse des taux d'intérêt directeurs qui se transmet ensuite aux conditions de financement. Avec des taux de politique monétaire au plus bas, ce soutien a été complété par les opérations ciblées de liquidités et la politique d'achat d'actifs. En effet, dans le cadre des TLTRO, la BCE fournit un refinancement aux banques en fonction des crédits qu'elles octroient au secteur non financier. Surtout, ces refinancements sont proposés à des conditions avantageuses puisque, depuis juin 2020, le taux d'intérêt associé à ces refinancements est de – 0,5 %, voire – 1 %, ce qui revient de fait à subventionner l'activité de crédit.

Quant aux achats d'actifs, ils permettent de réduire directement les taux à long terme, ce qui permet de pousser à la baisse les taux d'intérêt appliqués par les banques sur les crédits ayant des maturités plus longues et les taux de marché [Szczerbowicz, 2015 ; Blot *et al.*, 2020]. Le maintien de taux bas peut aussi être important pour atténuer la charge de la dette des agents endettés. Cette dernière mesure sera d'autant plus efficace que les agents sont endettés à taux variable.

Toutes les opérations d'achat d'actifs de la BCE ne visent pas forcément le même objectif. Alors que l'APP cherche principalement à réduire les risques déflationnistes dans la zone euro, risques qui ont notamment augmenté du fait de la chute d'activité subie en 2020, l'objectif du PEPP est de réduire les écarts de taux d'intérêt souverains entre les pays de la zone euro. De par les spécificités de l'Union monétaire européenne, caractérisée par des politiques budgétaires décentralisées, les marchés peuvent évaluer différemment les risques associés aux dettes publiques nationales. Dans la mesure où les taux

Graphique 2. **Écarts de taux souverains dans la zone euro**

En points

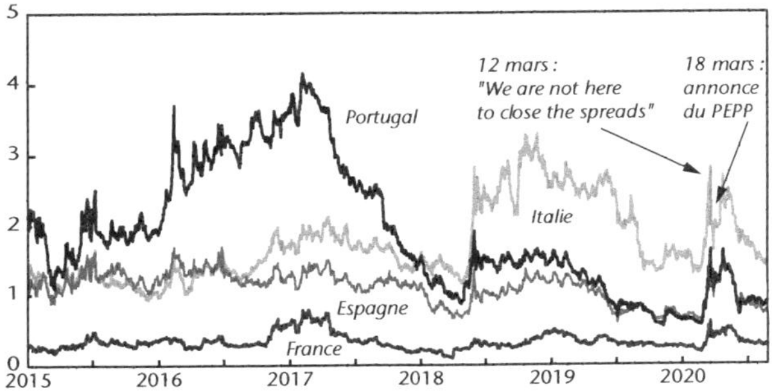

Source : Datastream, Thomson Reuters.

d'intérêt publics jouent un rôle clé pour la détermination des autres taux appliqués dans les pays, l'apparition d'un écart de taux entre pays provoque une fragmentation et un risque de transmission hétérogène de la politique monétaire commune. L'assouplissement des limites auto-imposées sur la répartition géographique des achats d'actifs donne une marge de manoeuvre supplémentaire à la BCE pour tenter d'influencer les différents rendements souverains.

C'est bien le sens de l'annonce du 18 mars 2020, qui est notamment intervenue en réaction à la forte augmentation des écarts de taux entre certains pays (graphique 2). Les déclarations suivantes faites par Christine Lagarde ont ensuite confirmé la finalité de ce programme et suggèrent donc que la BCE ait adopté une politique d'encadrement des *spreads* (écarts de taux d'intérêt).

De plus, comme la réponse à la crise doit nécessairement s'appuyer sur la politique budgétaire qui permet de mieux cibler les ménages et les entreprises les plus affectés, il est essentiel de préserver la capacité de stabilisation des gouvernements en leur assurant un large accès au financement. Or celle-ci peut être contrainte en cas de résurgence du risque souverain qui pourrait se traduire par un assèchement de la liquidité sur les marchés financiers. Le risque de défaut des différents États membres n'est effectivement pas consi-

Graphique 3. **Flux d'achats d'actifs dans le cadre du PEPP**

En milliards d'euros

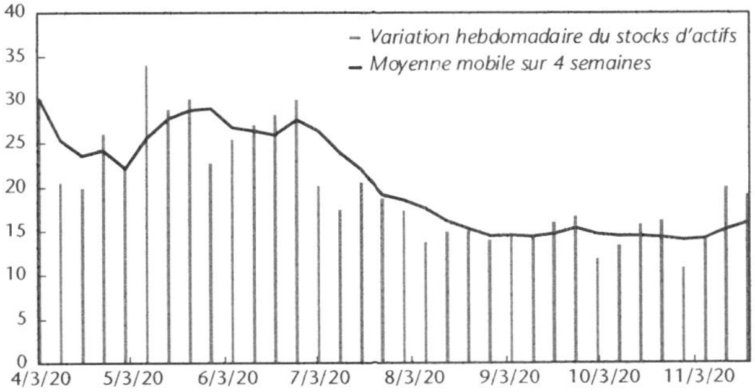

Source : BCE.

déré de la même façon par les investisseurs, du fait de leur situation macroéconomique ou du niveau de leur dette. Le rôle de la BCE est donc primordial afin de maintenir une transmission à peu près homogène de la politique monétaire, mais aussi pour garantir que l'impact multiplicateur des mesures de politique budgétaire ne soit pas atténué par l'augmentation des charges d'intérêt. L'effet des interventions sur les taux d'intérêt des pays membres et la volonté d'empêcher une forte augmentation des *spreads* sont de ce point de vue primordiaux. De par son degré d'indépendance mais surtout du fait de l'architecture institutionnelle, cette coordination ne peut être qu'implicite et imparfaite à l'échelle de la zone euro.

À cet égard, il est intéressant de souligner le succès du PEPP (graphique 3), en particulier lorsque l'on considère la diminution du flux d'achats d'actifs au cours des derniers mois. Les flux étaient de plus de 25 milliards d'euros par semaine d'avril à fin juin et ont ralenti de 15 et 20 milliards d'euros par semaine à partir de juillet 2020. Dans le même temps, les *spreads* souverains sont restés contenus. La politique de la BCE a ainsi permis d'éviter la fragmentation de la zone euro et d'ajouter une crise de la dette souveraine aux crises économique et sanitaire. Ce résultat a été atteint rapidement et avec seulement une petite part de l'enveloppe globale annoncée le 18 mars, ce qui indique aussi que le signal transmis aux investisseurs par l'annonce du programme a été suffisamment fort, confirmant notamment les travaux sur l'annonce du programme OMT (Outright Monetary Transactions) pendant l'été 2012 [Altavilla *et al.*, 2016 ; Falagiarda et Reitz, 2015]. Notons cependant ici que, au delà de l'effet d'annonce, il y a bien des achats effectifs de titres qui ont été réalisés, ce qui a probablement renforcé l'impact du PEPP relativement à celui de l'OMT.

Quelles marges de manœuvre pour les banques centrales ?

Bien que l'action de la BCE ait été déterminante pour éviter qu'une crise financière n'amplifie la crise et pour maintenir les taux souverains à un faible niveau dans la zone euro, les risques sur la croissance en 2021 restent élevés dans un contexte où l'évolution de l'épidémie reste incertaine. Dans ces conditions, la BCE dispose-t-elle de marges de manœuvre pour mener une politique monétaire plus expansionniste en cas de nouvelle baisse d'activité ou de reprise insuffisante ?

Notons d'abord que, comme souligné précédemment, toute l'enveloppe du PEPP n'a pas encore été utilisée et les achats pourraient donc être amplifiés si de nouvelles tensions sur les taux souverains apparaissaient. L'enveloppe des achats pourrait aussi être augmentée, ce qui a d'ailleurs été effectué à deux reprises en 2020. Mais, dans cette éventualité, la BCE devrait sans doute renoncer à certaines règles sur leur répartition et les montants maximum détenus, règles qu'elle s'est auto-imposée. Pour éviter toute tension sur les marchés de dette souveraine, la BCE pourrait ainsi annoncer qu'elle garantit que les écarts de taux ne dépasseront pas un seuil donné pendant le temps de la crise indépendamment de toute annonce sur un montant d'achats d'actifs. Il s'agirait d'une nouvelle version de l'OMT — qui avait été annoncée lors de la crise des dettes souveraines en septembre 2012 par Mario Draghi — *via* laquelle la BCE s'engagerait à acheter des titres de dette jusqu'à une maturité de trois ans sans fixer de limite de montant *a priori* mais seulement une limite quant à la durée de l'opération. La BCE enverrait ainsi un signal fort puisque, en tant qu'institut émetteur de la monnaie, elle a la possibilité de créer des réserves en quantité importante, ce qui rend l'annonce crédible et efficace.

Cette option rencontrerait probablement des réticences au sein du Conseil des gouverneurs puisqu'elle conduit à envisager l'absence de limites pour les achats de titres. Mais, dans la mesure où les pays sont différemment touchés par la crise, les réponses de politique budgétaire sont nécessairement hétérogènes et, partant de niveaux de dette différents, certains pays — en particulier l'Italie — sont plus sensibles au risque de liquidité et aux attaques spéculatives. Même si les pays européens ont négocié un plan de relance budgétaire inédit, la faiblesse des transferts budgétaires entre pays suggère que l'outil de politique monétaire soit plus mobilisé pour atténuer les risques souverains spécifiques à certains pays.

Enfin, de nouveaux outils pourraient aussi être utilisés. Des propositions récentes suggèrent par exemple des transferts monétaires directs vers les ménages ou une monétisation des dettes publiques. Cette proposition reprend l'image de « monnaie hélicoptère » consistant à distribuer de la monnaie directement au public afin d'accroître ses dépenses. S'il n'y a *a priori* pas de contraintes institutionnelles empêchant la BCE de recourir à ce type de mesures, elles ne manqueraient pas de faire rentrer la politique monétaire dans le domaine budgétaire. Des transferts vers les ménages ont indubitablement des effets redistributifs et devraient donc plutôt être décidés par une institution représentative démocratiquement. Ces décisions pourraient donc plutôt être prises par des autorités budgétaires qui émettraient ensuite une dette monétisée par la banque centrale, comme le suggèrent par exemple Gürkaynak et Lucas [2020].

Repères bibliographiques

Altavilla C., Giannon D. et Lenza M. (2016), « The financial and macroeconomic effects of OMT announcements », *International Journal of Central Banking*, vol. 12, n° 3, p. 29-57.

Blot C., Creel J. et Hubert P. (2019), « Challenges ahead for EMU monetary policy », *Study for the Committee on Economic and Monetary Affairs*, Luxembourg, Policy Department for Economic, Scientific and Quality of Life Policies, Parlement européen, septembre.

Blot C., Creel J., Hubert P. et Labondance F. (2020), « The role of ECB monetary policy and financial stress on Eurozone sovereign yields », *Empirical Economics*, vol. 59, n° 3, p. 1189-1211.

Falagiarda M. et Reitz S. (2015), « Announcements of ECB unconventional programs : implications for the sovereign spreads of stressed euro area countries », *Journal of International Money and Finance*, vol. 53, p. 276-295.

Gürkaynak R. et Lucas D. (2020), « Funding pandemic relief : monetise now », VoxEU.org, 14 mai.

Szczerbowicz U. (2015), « The ECB unconventional monetary policies : have they lowered market borrowing costs for banks and governments ? », *International Journal of Central Banking*, vol. 11, n° 4, p. 91-127.

V/ Les plans d'urgence et de relance dans les quatre plus grands pays de la zone euro, au Royaume-Uni et aux États-Unis

Céline Antonin, Christophe Blot, Magali Dauvin, Mathieu Plane, Christine Rifflart et Raul Sampognaro

La crise sanitaire de la Covid-19 et les mesures prophylactiques pour y répondre ont fait plonger les économies mondiales dans une récession historique, la plus sévère depuis la fin de la Seconde Guerre mondiale. Face à cette situation inédite, les gouvernements ont mis en place des soutiens budgétaires de grande ampleur pour éviter l'effondrement des économies. Cela s'est traduit par le déploiement de diverses mesures d'urgence à destination des entreprises et des ménages : mise en œuvre de l'activité partielle, de mesures spécifiques pour l'emploi, de compensations financières pour les entreprises en difficulté et les indépendants, de reports d'échéances fiscales, de facilitations de crédit aux entreprises grâce à des garanties apportées par les États, de soutien monétaire direct aux ménages ou de renforcement des allocations chômage. Dans un second temps, la plupart des pays ont adopté des plans de relance visant au redémarrage rapide de leurs économies, que ce soit par des politiques d'investissement public, des mesures ciblées pour dynamiser l'emploi, des baisses d'impôts aux ménages ou aux entreprises, des mesures spécifiques à certains secteurs ou la mise en place de mesures sociales. Ces mesures d'urgence et de relance se révèlent cruciales à court terme pour éviter un affaissement des économies avec des pertes irréversibles mais aussi pour lever une partie de l'incertitude sur la reprise, préserver les revenus des ménages qui restent exposés au risque du chômage ou à une réduction de l'activité, apporter un soutien aux secteurs en difficulté et éviter les faillites des entreprises ne parvenant pas à absorber ce choc. À cet égard, les pays européens pourront profiter des subventions de l'UE, dans le cadre du Plan de relance européen, pour mettre en œuvre certaines mesures de soutien.

Ici, nous nous intéressons aux plans d'urgence et de relance des quatre plus grands pays de la zone euro ainsi que ceux du Royaume-Uni et des États-Unis. De ce point de vue, l'année 2020 a été marquée à la fois par une chute historique du PIB dans ces six économies, qui serait comprise entre – 3,6 % aux États-Unis et – 11,8 % au Royaume-Uni, et une dégradation inédite du solde public de ces États, en raison de l'affaissement des assiettes fiscales mais aussi de la mise en place des plans d'urgence visant à soutenir les économies. Le solde public primaire (c'est-à-dire hors charge d'intérêts) se dégraderait en 2020 de 7 points de PIB en Allemagne à plus de de 14 points de PIB au Royaume-Uni.

Avant même d'entrer dans le détail des mesures budgétaires par pays, une façon d'analyser l'ampleur de la réponse budgétaire en 2020 est de séparer dans les évolutions du déficit ce qui est lié spontanément à la crise en raison des pertes de recettes fiscales et des dépenses sociales supplémentaires de ce qui est dû aux impulsions budgétaires avec la mise en place de mesures spécifiques d'urgence. Pour ce faire, nous calculons le déficit prévu en raison de la perte d'activité et nous le comparons à la variation du solde public primaire[1].

Le solde public primaire s'est plus dégradé que le seul solde public lié au creusement de la seule activité mesurée par l'*output gap*, révélant une impulsion budgétaire positive dans tous les pays en 2020 (graphique 1). En revanche, les ordres de grandeur sont différents selon les pays. On peut distinguer deux groupes de pays pour 2020 : le premier composé des grands pays de la zone euro ont une réponse budgétaire importante mais plus faible que la moyenne de l'OCDE, allant, d'après ce calcul, de 2

1 La variation du déficit lié à la perte d'activité peut être mesurée à partir de la variation de l'*output gap*. L'*output gap* représente l'écart entre le PIB et le PIB potentiel et mesure le cycle économique. Pour évaluer la variation de l'*output gap* de 2020, nous calculons l'écart entre la dernière prévision de croissance du PIB pour 2020 (perspectives de l'OFCE de décembre) et la prévision de croissance potentielle prévue pour 2020 à la fin 2019. En supposant une élasticité unitaire des recettes fiscales au PIB, la variation spontanée du solde public primaire liée à la perte d'activité se mesure comme celle de la variation de l'*output gap* multipliée par la part des recettes publiques dans le PIB (qui va de 0,33 aux États-Unis à 0,53 en France). La réponse budgétaire des pays pour 2020 peut donc être analysée comme la dégradation du solde public primaire moins la dégradation du solde public liée à la dégradation de l'*output gap*.

Graphique 1. **Variation en 2020 du solde public primaire et du solde public lié aux pertes d'activité**

En % du PIB potentiel

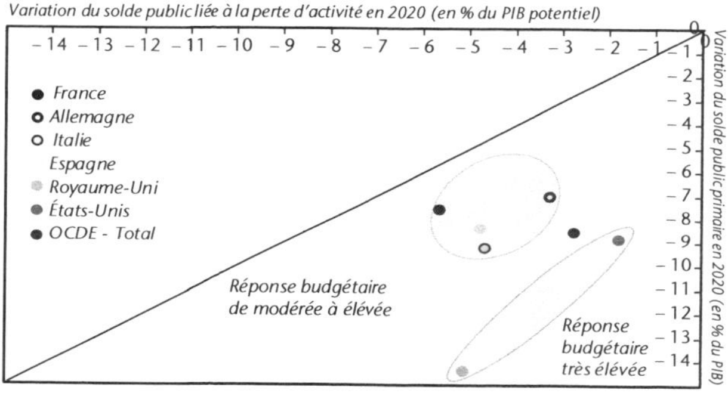

Sources : prévisions OFCE, OCDE, calculs des auteurs.

points de PIB pour la France à 4,5 points de PIB en Italie (entre 3,5 et 4 points de PIB en Espagne et en Allemagne). La France se distingue dans ce groupe par la réponse budgétaire la plus modérée, étant le pays avec l'Allemagne où la dégradation du solde public primaire en 2020 serait la plus faible alors qu'elle fait partie des pays parmi lesquels la dégradation de l'*output gap* a été la plus forte (graphique 1). L'autre groupe, composé des États-Unis et du Royaume-Uni, affiche une réponse budgétaire très élevée pour 2020, supérieure à la moyenne des pays de l'OCDE. Elle serait, selon ce calcul, comprise entre 7 et 9 points de PIB pour ces deux pays. Les États-Unis connaissent la même dégradation de déficit public primaire que l'Espagne alors que l'*output gap* s'est dégradé de 7 points de PIB de moins qu'en Espagne. Et, dans le cas du Royaume-Uni, la chute du déficit public primaire est de 6 points de PIB de plus que celui de l'Espagne alors que la chute d'activité y est comparable.

Comme on peut le constater, bien que tous les pays aient mis en place des mesures d'urgence, les stratégies et l'ampleur des réponses budgétaires ont été différentes selon les pays, au moins pour l'année 2020. À partir des informations budgétaires connues, nous avons pu reconstituer les mesures attendues aussi pour 2021[2], la plupart étant issues des plans de relance présentés. À partir de l'analyse des chiffres présentés, on peut constater que l'impulsion issue des mesures d'urgence et des plans de relance pour 2021 serait comprise pour les quatre grands pays de la zone euro entre 1 et 2 points de PIB, et serait légèrement plus élevée en Espagne et en France qu'en Allemagne et en Italie. Les mesures budgétaires cumulées sur 2020 et 2021 sont relativement proches entre les quatre grands pays de la zone euro et sont comprises entre 5 et 6 points de PIB, avec un arbitrage plus en faveur du court terme pour l'Allemagne et l'Italie que pour la France (graphique 2). À noter cependant que, en raison d'un choc économique environ deux fois moins négatif en Allemagne que dans les trois grands pays latins, au moins pour 2020, la part des pertes d'activité couverte par le plan allemand sera supérieure à celle couverte par les plans français, italien et espagnol.

Enfin, le Royaume-Uni et les États-Unis se distinguent par des plans d'urgence et de relance pour 2020 et 2021 largement supérieurs à ceux mis en place dans les quatre grands pays de la zone euro. Si les mesures sont particulièrement concentrées sur la gestion du court terme, il n'en reste pas moins que des mesures ambitieuses sont également attendues pour 2021. Au total, ces mesures représenteraient près de 9 points de PIB sur deux ans au Royaume-Uni et plus de 15 points de PIB aux États-Unis, soit entre deux et trois fois plus que ce qui a été budgété dans les quatre grands pays de la zone euro. Si une part de cet écart peut s'expliquer par des amortisseurs sociaux moins développés aux États-Unis et au Royaume-Uni qu'en Europe continentale, nécessitant une intervention discrétionnaire plus importante des pouvoirs publics en cas de crise, il n'en reste pas moins que ces deux pays ont fait le choix d'un « quoi qu'il en coûte » sans limite pour couvrir à court terme les pertes économiques issues de la crise. Les quatre grands pays de la zone euro, moins ambitieux à court terme sur la couverture des pertes financières, semblent s'orienter vers une stratégie davantage de moyen terme, avec des plans s'étalant au-delà de 2021, poursuivant l'objectif de la construction du « monde d'après ».

---

2 Pour 2020, le chiffrage est issu des documents budgétaires fournis par les pays, ce qui diffère quelque peu du calcul précédent fondé sur l'évolution du solde public primaire et des *output gaps*.

Graphique 2. **Plans d'urgence et de relance pour 2020 et 2021**

En % du PIB

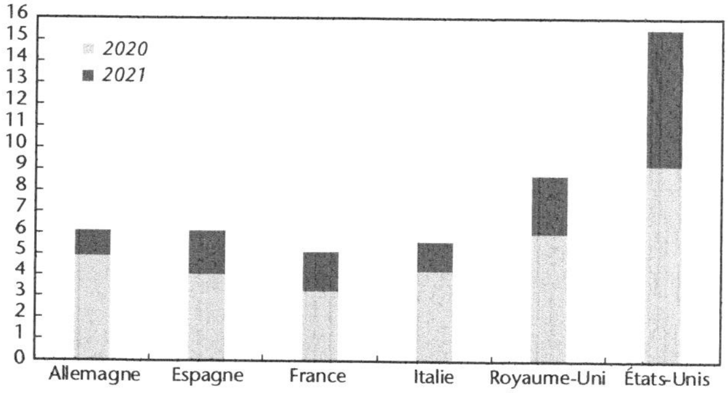

Sources : prévisions OFCE, documents budgétaires, calculs des auteurs.

Allemagne : des mesures budgétaires qui jouent un rôle crucial dans le schéma de reprise allemand

Lors du premier confinement, l'Allemagne a, dès le mois de mars, mis en place des mesures budgétaires d'urgence, puis adopté un plan de relance en juin 2020. Les mesures d'urgence, prises en mars 2020, représentent 118 milliards d'euros (3,4 points de PIB) et reposent sur trois piliers. Le deuxième pilier prévoit des mesures pour soutenir le secteur de la santé et la lutte contre la pandémie (58,5 milliards). Le deuxième pilier repose sur des mesures en faveur de la protection de l'emploi, comme l'accès facilité au dispositif d'indemnisation du chômage partiel (*Kurzarbeit*) qui représente 23,5 milliards d'euros. Enfin, une aide d'urgence est fournie aux entreprises, notamment *via* des subventions non remboursables aux travailleurs indépendants, professions libérales et PME. Jusqu'à présent, 18 milliards d'euros ont été dépensés sur les 50 milliards prévus.

À la suite du deuxième confinement, entré en application le 2 novembre, et pour une durée d'un mois, le gouvernement a prévu une mesure supplémentaire d'aide exceptionnelle aux

Tableau 1. **Mesures d'urgence et de relance pour l'Allemagne en 2020-2021**

	2020		2021	
	Milliards	**% du PIB**	**Milliards**	**% du PIB**
Aides aux entreprises	38,0	1,1	3,8	0,1
Aides aux ménages	20,0	0,6	13,5	0,4
Investissement public	63,3	1,8	36,9	1,1
Emploi, formation et activité partielle	23,5	0,7	0,7	0,0
Autres	24,4	0,7	– 13,4	– 0,4
Total	**169,2**	**4,9**	**41,5**	**1,2**

Sources : Ministère fédéral de l'Économie allemand, calculs des auteurs.

entreprises et aux indépendants touchés par les fermetures temporaires, correspondant à 75 % du chiffre d'affaires de novembre 2019 (enveloppe maximale de 10 milliards).

Quant au plan de relance, présenté en juin 2020, il est essentiellement concentré sur 2020-2021. En 2020, l'ensemble des mesures atteindrait 41 milliards d'euros (1,2 point de PIB) (tableau 1). Elles intègrent notamment des mesures d'aide aux ménages (0,2 point de PIB), comme la baisse du coût de l'électricité pour les clients, et des mesures d'aide aux entreprises (0,2 point de PIB), notamment le suramortissement ou des baisses de fiscalité. En 2021, les mesures atteindraient 38 milliards d'euros (1,1 point de PIB) : le plan se composerait de mesures d'investissement public (35 milliards d'euros), notamment avec un plan « hydrogène », un soutien à la recherche, à l'intelligence artificielle, aux transports (véhicules électriques), ainsi que de nouvelles aides aux ménages (13 milliards d'euros) et aux entreprises (4 milliards).

Au total, si l'on additionne ces deux plans, cela représente plus de 210 milliards d'euros (6,1 % du PIB) sur 2020-2021. Notons qu'à côté de l'impulsion budgétaire immédiate, l'Allemagne a mis en place des reports d'impôts — impôt sur les sociétés, taxes indirectes et contributions sociales — pour un montant d'environ 250 milliards d'euros (7,3 points de PIB), ainsi que des mesures de garantie de prêts pour une enveloppe de 929 milliards d'euros, soit 27 points de PIB. Ces dernières mesures incluent des garanties et subventions fournies par la banque KfW et par le fonds de stabilisation économique (WSF). Par ailleurs, le plan d'urgence prévoit de possibles recapitalisations pour un montant de 100 milliards d'euros.

Espagne : un plan de relance conduit par les fonds européens

Face à la crise économique et sociale, le gouvernement a débloqué dès le mois de mars un plan d'urgence de 50 milliards d'euros sur l'année 2020 (4 points de PIB) (tableau 2). Le secteur de la santé a reçu 5,3 milliards d'euros (0,4 point de PIB). Mais c'est surtout la prise en charge par l'État du chômage partiel, à travers le mécanisme de l'ERTE (*Expediente de Regulación Temporal de Empleo*), qui représente le principal poste de dépense puisqu'il atteint 17,9 milliards (1,4 point de PIB). Ce soutien au maintien dans l'emploi des salariés s'est accompagné d'autres mesures de protection des travailleurs dont la prise en charge des travailleurs isolés ou infectés par la Covid-19 (1,4 milliard). Les ménages ont bénéficié également d'aides importantes (6 milliards), à travers notamment la prestation exceptionnelle versée aux entrepreneurs individuels (3,8 milliards), mais aussi à travers la mise en place d'un bouclier social en faveur des ménages les plus vulnérables. Enfin, 3,6 milliards ont été débloqués pour aider les entreprises à faire face à des difficultés de trésorerie. Simultanément, un fonds Covid-19 de 16 milliards a été alloué aux régions pour les dépenses exceptionnelles liées à la santé et aux familles. Par ailleurs, le gouvernement a ouvert une ligne de garantie *via* la Banque nationale de développement (ICO) jusqu'à 100 milliards d'euros afin d'aider les entreprises et les travailleurs indépendants à faire face aux besoins de liquidités. Des prêts garantis à vocation sectorielle ont également été mis en place (exportations, tourisme, culture).

La politique budgétaire en 2021 est conduite par deux trains de mesures : l'un financé par le budget européen à travers le Plan national de récupération, de transformation et de résilience sur 2021-2023, l'autre par la réforme fiscale associée à de nouvelles dépenses mises en place par le gouvernement.

Le Plan national de récupération, de transformation et de résilience est de 72 milliards sur trois ans, dont 26,6 (2,2 % du PIB) pour la première année (2021). Deux domaines représentent 70 % des fonds déployés : la transition écologique et le numérique. Les autres domaines ciblés, qui couvrent 30 % des

Tableau 2. **Mesures d'urgence et de relance pour l'Espagne en 2020-2021**

	2020		2021	
	Milliards	**% du PIB**	**Milliards**	**% du PIB**
Aides aux entreprises	3,6	0,3	8,8	0,7
Aides aux ménages	5,9	0,5	5,0	0,4
Investissement public	4,3	0,3	5,0	0,4
Emploi, formation et activité partielle	19,3	1,5	1,2	0,1
Autres	17,1	1,4	6,6	0,5
Total	**50,1**	**4,0**	**26,6**	**2,1**

Sources : Ministère des Affaires économiques espagnol, calculs des auteurs.

fonds du plan, sont la R&D, l'éducation et la formation, l'inclusion sociale et territoriale.

L'autre pan de la politique budgétaire en 2021 repose sur la réforme fiscale présentée par le gouvernement (taxation sur les transactions financières, sur le numérique, hausse de la fiscalité verte, hausse des impôts sur les plus hauts revenus...) pour un montant de 7,8 milliards d'euros (0,6 % du PIB) associée à des dépenses supplémentaires, dont 3 milliards destinés au revenu minimum vital (introduit en juin 2020), et à d'autres mesures sociales (aide à la dépendance et à l'éducation,...). Au cours de la période 2020-2021, les mesures budgétaires de soutien à l'économie représenteraient 6,1 % du PIB.

France : des plans qui misent sur l'activité partielle et le monde d'après

Sur l'ensemble de l'année 2020, les mesures d'urgence ajoutées aux mesures de relance représenteraient 77 milliard d'euros (3,2 points de PIB) (tableau 3). Deux tiers de cette enveloppe sont destinés à l'activité partielle (29 milliards d'euros) et aux aides aux entreprises (dont 12 milliards liés au Fonds de solidarité et 8 milliards aux exonérations de cotisations). Les dépenses de santé exceptionnelles, y compris l'achat de masques, et l'aide aux ménages (aides aux personnes vulnérables et prime pour les indépendants), avec respectivement 12,5 milliards et 3 milliards d'euros, représentent 20 % de l'enveloppe totale de 2020.

Le plan de relance présenté en septembre 2020 contribuerait à hauteur de 6 milliards aux mesures pour 2020 (concentrés sur les mesures pour l'emploi des jeunes et les infrastructures et technologies vertes). Par ailleurs, le gouvernement a mis en œuvre un dispositif exceptionnel de garanties permettant de soutenir le financement bancaire des entreprises à hauteur de 300 milliards d'euros (ouvert à toutes les entreprises jusqu'au 30 juin 2021). Fin décembre 2020, les prêts garantis par l'État représentaient 130 milliards d'euros (5,4 % du PIB) et les reports d'échéances fiscales et sociales 27 milliards (1,1 % du PIB). Si ces mesures sont essentielles pour assurer le refinancement à court terme des entreprises, elles ont un coût marginal pour les finances publiques au regard des autres mesures.

En 2021, les mesures de soutien à l'économie représenteraient 45 milliards d'euros (1,9 % du PIB), dont 32,5 proviennent du plan de relance qui s'organise autour de trois axes : la transition écologique, la compétitivité et la cohésion sociale et territoriale.

La baisse des impôts sur la production amputerait les recettes publiques de 9 milliards en 2021. Du côté de l'aide aux entreprises s'ajoute le dispositif de renforcement des fonds propres des PME du Plan de relance (3 milliards sur deux ans) mais aussi 7,5 milliards pour 2021 issus du Fonds de solidarité (décidé dans la LFR4 et non consommé en 2020). Les mesures liées à l'activité partielle de longue durée et à la formation seraient de 6 milliards, auxquels s'ajoutent 5 milliards issus du dispositif classique d'activité partielle (non consommés en 2020 et reportés en 2021). Du côté des mesures pour l'emploi s'ajoutent les actions pour l'emploi des jeunes et la formation professionnelle (4,5 milliards).

Le déploiement de nouveaux investissements représenterait 8 milliards d'euros en 2021, que ce soit à travers le « Ségur de la santé », le plan de rénovation thermique des bâtiments publics ou le surplus d'investissement dans les infrastructures de transport et le numérique ou le financement de la stratégie « hydrogène ». Enfin, 3 milliards seraient consacrés notamment au soutien des territoires et à la culture et seulement 0,8 milliard d'aides aux ménages à travers le soutien aux personnes précaires.

Au total, les mesures budgétaires d'urgence et de relance représenteraient 5,1 % du PIB sur 2020-2021, mais une partie du déploiement du Plan de relance s'étalerait au-delà de 2021 pour

Tableau 3. **Mesures d'urgence et de relance pour la France en 2020-2021**

	2020*		2021	
	Milliards	**% du PIB**	**Milliards**	**% du PIB**
Aides aux entreprises	21,0	0,9	18,0	0,7
Aides aux ménages	2,9	0,1	0,8	0,0
Investissement public	1,3	0,1	7,9	0,3
Emploi, formation et activité partielle	32,1	1,3	15,4	0,6
Autres	20,1	0,8	2,9	0,1
Total	**77,4**	**3,2**	**45,0**	**1,9**

* dont 6 milliards issus du Plan de relance.

Sources : PLF2021, LFR4 2020, calculs des auteurs.

1,8 point de PIB, avec des mesures principalement ciblées sur l'investissement dans la transition énergétique et le numérique et la baisse de la fiscalité des entreprises.

Italie : absorber le choc et préparer le futur avec le plan européen

Le gouvernement italien a mis en place un plan d'urgence massif au cours de l'année 2020, qui s'établit à 75 milliards d'euros (4 points du PIB). Les mesures pour préserver les salaires et les revenus des indépendants s'établissent à 29 milliards dont 19 milliards pour la seule activité partielle. Le pouvoir d'achat des ménages les plus pauvres a été soutenu avec près de 2 milliards en prestations d'urgence. Par ailleurs, le gouvernement transalpin a mobilisé 25 milliards pour préserver la situation financière des entreprises (subventions directes aux firmes, exonérations de cotisations sociales et baisse ponctuelle des taxes locales). Enfin, le gouvernement a mobilisé 8,5 milliards pour investir dans les services publics dont plus de 5 milliards dans le système sanitaire. Le reste du plan s'explique par un soutien aux collectivités locales. À ces dépenses exceptionnelles prises pour répondre à l'urgence, il faut ajouter 11 milliards d'euros qui ont servi à alléger les tensions de trésorerie des entreprises à travers des reports d'obligations fiscales et sociales.

Tableau 4. **Mesures d'urgence et de relance pour l'Italie en 2020-2021**

	2020		2021	
	Milliards	**% du PIB**	**Milliards**	**% du PIB**
Aides aux entreprises	25,0	1,4	5,0	0,3
Aides aux ménages	7,4	0,4	3,0	0,2
Investissement public	5,0	0,3	6,7	0,4
Emploi, formation et activité partielle	29,0	1,6	5,3	0,3
Autres	8,6	0,5	5,0	0,3
Total	**75,0**	**4,2**	**25,0**	**1,4**

Sources : Ministère de l'Économie et des Finances italien, calculs des auteurs.

Pour 2021, l'Italie mettra en place des mesures de relance pour un montant de 25 milliards d'euros (1,4 point de PIB). Le gouvernement transalpin disposera de marges de manœuvre budgétaires grâce au plan de relance européen. L'Italie bénéficierait de 203 milliards d'euros sur la période 2021-2026 en lien avec le RFF et le budget React EU. L'Italie mobiliserait ainsi 25 milliards d'euros de fonds européens en 2021. Le soutien aux entreprises resterait important (environ 5 milliards) et le soutien au revenu des salariés et indépendants des secteurs affectés par la crise serait proche de 5 milliards. Comme en 2020, l'Italie gardera une politique d'investissement dans les services publics importante, proche de 5 milliards d'euros, concentrée dans les systèmes éducatif et sanitaire. Enfin, un vaste plan d'investissement est annoncé (7 milliards d'euros) pour les secteurs liés à la transition environnementale et au numérique, conformément aux objectifs du plan de relance européen.

Au total, les plans d'urgence et de relance du gouvernement italien représenteraient 5,6 % du PIB sur la période 2020-2021.

Royaume-Uni : l'urgence à tout prix

Face à l'envergure de cette crise, le gouvernement britannique a intégré des mesures d'urgence au budget présenté en mars et a proposé en juillet un plan pour l'emploi. Le gouvernement britannique a apporté un soutien à hauteur de 180 mil-

Tableau 5. **Mesures d'urgence et de relance pour le Royaume-Uni en 2020-2021**

	2020		2021	
	Milliards	**% du PIB**	**Milliards**	**% du PIB**
Aides aux entreprises	13,8	0,6	5,9	0,3
Aides aux ménages	9,1	0,4	6,1	0,3
Investissement public	31,4	1,4	15,7	0,7
Emploi, formation et activité partielle	73,6	3,4	26,5	1,2
Autres	2,3	0,1	5,0	0,2
Total	**130,2**	**6,0**	**59,2**	**2,7**

Sources : Trésor de Sa Majesté, Royaume-Uni, calculs des auteurs.

liards de livres sterling pour 2020 et 2021, soit 8,7 points de PIB, ce qui constitue un des plans d'urgence les plus importants en Europe. Le dispositif de chômage partiel est au cœur du plan d'urgence en 2020 (incluant le dispositif soutenant le revenu des auto-entrepreneurs) et représente à lui seul plus de la moitié des montants annoncés pour cette année (tableau 5). À ces mesures s'ajoutent des garanties de prêts, des mesures de soutien au crédit et des mesures de report de charges, que nous considérons ici sans coût budgétaire, et qui représentent une enveloppe de 390 milliards de livres (18 points de PIB). Enfin, les mesures discrétionnaires prises pour augmenter les dépenses dans le secteur de la santé s'élèvent à 1,4 point de PIB.

Des extensions au plan initial ont été apportées en septembre (*Winter Economy Plan*) mais s'apparentent davantage à un nouveau plan d'urgence qu'à un plan de relance. Outre les extensions des différentes mesures de maintien du pouvoir d'achat et de préservation de l'outil de production, 7 milliards de dépenses sont prévues entre 2020 et 2021 à destination du secteur de la construction et de la rénovation énergétique. En novembre, une revue des dépenses (*Spending Review*) a été présentée pour l'année fiscale en cours et pour l'année suivante. Bien qu'il ne s'agisse toujours pas d'un plan de relance, une enveloppe supplémentaire de 55 milliards de livres est prévue pour l'année 2021-2022 pour soutenir le pouvoir d'achat et les services publics. Par ailleurs, un programme pluri-annuel d'investissement dans les infrastructures de 100 milliards de livres, soit près de 5 points de PIB, a été annoncé. Une partie vise à poursuivre le financement de projets déjà existants tandis que 12 milliards de livres seront consacrés en 2021 et 2022 à l'objectif zéro émission de gaz à effet de serre d'ici 2050, 20 milliards à l'investissement dans de nouveaux logements à partir d'avril 2021 et 15 milliards à la R&D.

Au total, le gouvernement britannique consacrerait 8,7 % de PIB pour soutenir l'activité en 2020-2021.

États-Unis : un plan XXL qui privilégie les mesures de court terme

Face au choc économique lié à la crise sanitaire, les États-Unis ont adopté, en mars-avril 2020, une série de mesures pour un montant de 2 400 milliards de dollars (11 points de PIB) dont 790 milliards ont été alloués aux ménages (allocation chômage, crédits d'impôt), 925 milliards aux entreprises (réduction d'impôts et subventions), 540 milliards de dépenses nouvelles liées à la gestion de la crise et 150 milliards de transferts aux États et pouvoirs locaux.

Fin décembre, le Congrès a voté un nouveau plan de 900 milliards (4,2 points de PIB). Cet accord, obtenu après plusieurs mois de négociations entre Démocrates et Républicains, permet surtout de prolonger les mesures adoptées au printemps en faveur des entreprises, du revenu des ménages, mais aussi de financer la campagne de vaccination contre la Covid-19. Ainsi, une nouvelle allocation chômage additionnelle de 300 dollars par semaine est versée par l'État fédéral pour une durée de onze semaines[3]. L'accord octroie un nouveau crédit d'impôt aux ménages pouvant aller jusqu'à 600 dollars par personne. Globalement, l'enveloppe prévoit 750 milliards pour l'aide aux petites entreprises, aux ménages et le financement des dépenses de santé ou d'éducation. L'autre volet concernerait la protection des entreprises et les fonds pour les collectivités et administrations locales. Ce soutien permettant de pallier les baisses de revenu et d'activité pourrait être complété par des mesures additionnelles dans le courant de l'année 2021 après l'investiture de Joe Biden en janvier. Le nouveau président élu a effectivement indiqué qu'il souhaitait accroître les transferts fédéraux à destination

3 L'allocation votée en mars était de 600 dollars par semaine.

Tableau 6. **Mesures d'urgence et de relance pour le États-Unis en 2020-2021**

	2020		2021	
	Milliards de dollars	**% du PIB**	**Milliards de dollars**	**% du PIB**
Aides aux entreprises	953,4	4,5	335,6	1,6
Aides aux ménages	618,0	2,9	492,0	2,3
Dépenses	239,1	1,1	508,7	2,4
Transferts fédéraux	150,0	0,7	4,0	0,0
Total	**1 960,5**	**9,2**	**1 340,3**	**6,3**

Sources : Département du Trésor des États-Unis, calculs des auteurs.

des États pour éviter des coupes budgétaires. Les États font effectivement face à une réduction de leurs recettes fiscales et sont généralement contraints par des règles budgétaires limitant leur capacité d'endettement.

Par ailleurs, en 2021, une nouvelle orientation budgétaire sera probablement proposée, incluant des mesures de relance mais aussi des objectifs à plus long terme en lien avec le programme économique du candidat démocrate. Une première présentation faite par Joe Biden après son élection indiquait un plan de 7 300 milliards sur dix ans. Mais il s'agit du volet « dépenses » et il est probable qu'une modification de la fiscalité soit aussi discutée avec l'idée de revenir sur certaines baisses d'impôts votées pendant le mandat de Donald Trump. Les priorités seraient données à l'investissement dans la rénovation énergétique (1 300 milliards), aux aides immédiates pour la santé (congés maladie), pour les PME, à l'annulation de certains prêts étudiants... Le nouveau président pourrait par ailleurs bénéficier de toutes les marges de manœuvre nécessaires puisqu'il dispose désormais de la majorité au Congrès.

Pour le moment, les mesures prises en 2020 par les États-Unis pour soutenir leur économie représentaient 15,5 points de PIB pour les années 2020-2021 (tableau 6). Sur une période allant au-delà de 2021, elles devraient dépasser 24 points de PIB avec les nouvelles mesures envisagées par Joe Biden pour lutter contre l'épidémie et la crise économique.

VI/ Coordination budgétaire : de nouvelles règles ou un changement d'institution ?

Xavier Ragot

Le cadre budgétaire européen est régulièrement l'objet de débats et remises en cause. Il s'est construit, depuis le traité de Maastricht, sur l'idée que la conformité des budgets nationaux à des règles numériques était suffisante pour la soutenabilité des dettes publiques et la coordination budgétaire européenne. Les conséquences de la crise financière de 2008 ont conduit à un premier mouvement de complexification afin de donner plus de flexibilité aux pays dans la gestion de leur budget. La crise de la Covid-19 entraîne un nouveau débat. L'affirmation du Comité budgétaire européen est claire : « Il serait contreproductif d'essayer de réintroduire les règles actuelles sous une forme substantiellement identique lorsque la clause de sauvegarde générale (du Pacte de stabilité et de croissance) sera désactivée » (EF, 2020, traduction de l'auteur). Cependant, le débat actuel va plus loin que la seule adaptation des règles au sein des traités existants. La logique même de la coordination par les règles est remise en question. Le modèle alternatif est de donner un pouvoir discrétionnaire à une institution légitime pour s'exprimer sur les budgets nationaux. Ce chapitre met ce débat en perspective.

On présentera d'abord le débat et les propositions avant la crise de la Covid-19. Le nouvel environnement économique issu de la crise sanitaire sera ensuite discuté, puis le caractère obsolète de nombreuses propositions. Enfin, des éléments plus récents de propositions seront analysés.

Le débat sur le cadre budgétaire européen avant la crise de la Covid-19

La coordination budgétaire européenne est régie par un ensemble de règles dont la cohérence a fait débat. Les règles européennes découlent du traité de Maastricht (1993), qui spécifiait les critères de convergence vers l'euro, dont les critères de déficit et de dette publics. Les deux critères toujours en vigueur sont que le déficit public doit être inférieur à 3 % du PIB et la dette publique brute inférieure à 60 % du PIB. En prévision de l'adoption de l'euro, un cadre budgétaire européen avait vocation à éviter qu'un pays menant une politique budgétaire très expansionniste connaisse des niveaux insoutenables de dette, demandant soit une aide des autres pays soit une restructuration de la dette publique. Cette situation risquait de déstabiliser la zone euro en conduisant à des hausses de taux d'intérêt pénalisant les pays partenaires.

Le Pacte de stabilité et de croissance (PSC) mis en place en 1997 a donc clarifié et complété les critères budgétaires issus du traité de Maastricht. Le cadre budgétaire a, depuis, été réformé à de multiples reprises en 2005, en 2011 (« 6-Pack »), en 2012 (« Fiscal Compact ») et en 2013 (« 2-Pack »). Au-delà de ces textes législatifs, la Commission européenne met régulièrement à jour un code de conduite et un vade-mecum qui précisent les détails de mise en œuvre des règles.

L'évolution continuelle des règles correspond à une intégration progressive de l'analyse économique, notamment après la crise financière de 2008, dite des *subprimes*, afin de ne pas conduire à des recommandations *procycliques*, prônant en particulier des hausses d'impôts en période de chômage élevé. Une avancée importante a été l'introduction de la notion de déficit structurel plutôt que de déficit nominal : le *déficit structurel* enlève du déficit nominal les composantes cycliques dues notamment à la baisse des recettes fiscales lorsque la croissance diminue. Cette mesure prend l'*écart de production* comme donnée. Ce dernier est la différence entre le niveau du PIB observé et le niveau potentiel qui est la valeur induite par une utilisation normale des facteurs de production. Ainsi, en récession, le niveau d'activité est inférieur au niveau normal, l'écart de production est négatif, les recettes fiscales sont inférieures à leur niveau normal, le déficit nominal est donc élevé, mais le déficit structurel est plus faible.

Du fait de ces évolutions, le cadre budgétaire actuel comprend à ce jour quatre principales règles numériques, de plus en plus complexes dans leur interprétation :

1) le déficit public doit être inférieur à 3 % du PIB ;

2) la dette publique brute doit être inférieure à 60 % du PIB. Si le ratio est plus élevé, il doit diminuer chaque année d'au moins 1/20e de l'écart entre le niveau d'endettement et la valeur de référence de 60 % ;

3) le solde public structurel (donc corrigé du cycle économique) doit être supérieur à l'objectif à moyen terme (OMT) propre à chaque pays qui, dans le cas des pays de l'Union économique et monétaire (UEM), doit être de – 0,5 % du PIB, ou – 1 % pour les pays dont le ratio dette/PIB est inférieur à 60 %. Si le solde structurel est inférieur à l'OMT, il doit en principe augmenter de 0,5 % du PIB par an ;

4) la mesure ajustée des dépenses publiques réelles ne peut croître plus rapidement que la croissance économique potentielle à moyen terme si le solde structurel du pays est supérieur ou égal à son OMT. Si le solde structurel n'a pas encore atteint l'OMT, la croissance des dépenses doit être inférieure afin d'assurer un ajustement approprié vers l'OMT.

La mise en œuvre de ce cadre très complexe se révèle difficile car il est fondé sur des variables inobservables, comme le déficit structurel. Des méthodes statistiques uniformisées ont été mises en place pour mesurer le PIB potentiel et le déficit structurel, mais elles restent régulièrement débattues. La mesure du déficit structurel est régulièrement révisée [Darvas *et al.*, 2018]. Par ailleurs, la hiérarchie de ces quatre règles numériques est l'objet de débats. Un pays dont le déficit nominal est supérieur à 3 %, dont la dette décroît à un rythme inférieur à celui préconisé mais dont l'effort structurel est suffisant peut-il être sanctionné par l'Union européenne ?

Cette complexité des règles actuelles a amené à des propositions de simplification dont la plus discutée est l'introduction d'une règle de dépenses différente de celle énoncée plus haut [Bénassy-Quéré *et al.*, 2018]. Son principe de base est facile à décrire : les dépenses publiques en valeur (nettes des recettes fiscales pérennes) ne devraient pas croître plus rapidement que le revenu nominal à long terme et devraient progresser plus lentement dans les pays où la dette est excessive. Contrairement au déficit corrigé des variations conjoncturelles, les dépenses publiques nettes sont observables en temps réel et directement contrôlées par le gouvernement. Par ailleurs, cette règle de dépenses intègre la stabilisation contracyclique à la fois parce que les augmentations conjoncturelles des recettes n'ont pas d'incidence sur le plafond des dépenses — entraînant une discipline budgétaire plus rigoureuse que les règles actuelles en période de croissance — et qu'elles ne nécessitent pas de réduction des dépenses compensatrices en cas de baisse conjoncturelle des recettes. Ainsi, de telles règles ne conduisent pas à des mesures d'austérité en récession.

Par exemple, la règle proposée par Darvas *et al.* [2018] repose sur deux piliers : une cible d'endettement à long terme, par exemple 60 % du PIB, et une règle opérationnelle fondée sur les dépenses pour atteindre cette cible. Dans cette proposition, la conservation du critère de dettes de 60 % est nécessaire pour assurer une comptabilité avec le traité européen. Elle modifie et renforce la règle de dépenses publiques déjà existante en conservant les deux premières règles qui sont dans le traité de Maastricht.

Cette remarque est essentielle. En effet, l'évolution du cadre européen peut être réalisée à traité inchangé, ou en changeant les traités et notamment le traité de Maastricht. L'option de changement est attirante, mais elle place une ambition élevée. La réforme des traités réclamera plusieurs années de discussion. La remise à plat des mécanismes et des responsabilités, pour lesquels les divergences politiques et nationales vont s'exprimer, demandera en effet du temps pour l'expertise et la diplomatie. De ce fait, de nombreux auteurs proposent des changements importants certes, mais à traité inchangé. La question est maintenant de savoir si la crise de la Covid-19 et le nouvel ordre économique qui s'annonce demandent un changement de traité.

La crise de la Covid-19 et la coordination budgétaire européenne

La crise de la Covid-19 a frappé le monde et les économies européennes dans un moment de relative stabilisation économique. Comme en 2009, l'ampleur du choc a conduit à ne plus appliquer les règles numériques européennes, en mobilisant la clause de sauvegarde générale du Pacte de stabilité et de croissance (GEC, pour *general escape clause*). Ainsi, le 23 mars 2020, le Conseil a activé pour la première fois la GEC afin de laisser une marge de manœuvre aux États membres pour adopter des mesures d'urgence aux conséquences budgétaires majeures. En outre, le 20 mai, la Commission a décidé de ne pas placer les États membres sous la procédure pour déficit excessif (PDE), bien qu'il ait été reconnu qu'aucun État membre ne remplissait le critère de déficit.

Cette réaction nécessaire à la crise doit laisser maintenant place à l'analyse de la situation budgétaire des États afin de savoir si le changement de traité, ou au moins de cadre à traité inchangé, est nécessaire. Des modifications comme des règles de dépenses sont-elles suffisantes pour la coordination des politiques budgétaires européennes ? Avant d'identifier ce que pourrait être un cadre européen substantiellement différent, il convient de revenir sur les nouveaux enjeux de la coordination économique européenne dans l'économie après la crise de la Covid-19.

On peut identifier cinq nouveaux aspects macroéconomiques qui rendent le cadre actuel obsolète, voire contreproductif pour la croissance et le bien-être.

1) Les dettes publiques atteignent des niveaux inédits, de l'ordre de 120 % du PIB dans de nombreux pays, soit le double du niveau considéré comme maximal dans le critère de Maastricht. La crise épidémique n'est pas finie et l'on ne peut pas exclure des mesures de soutien et de relance supplémentaires en 2021, voire 2022. Il convient de noter l'existence d'un consensus international pour des mesures de grande ampleur de soutien aux économies nationales. Dans le cadre européen, l'activation de la GEC est le signe de cet accord. De ce fait, à la fois le déficit public et la dette publique ne seront plus compatibles avec le traité. La conservation d'un critère de dettes de 60 % ne fait donc plus grand sens, même comme ancrage de très long terme.

Par ailleurs, les dettes publiques sont élevées dans de nombreux pays, avec des montants, selon les estimations de la Commission européenne[1], de l'ordre de 160 % en Italie en 2020, de 130 % au Portugal et de 120 % en France, mais de seulement 75 % en Allemagne. Ainsi, la crise de la Covid-19 a encore augmenté les divergences européennes en matière de finances publiques.

2) Dans un tel environnement, l'effet des mesures de soutien à l'économie est très positif. En d'autres termes, les multiplicateurs budgétaires sont élevés. Ceux-ci mesurent l'activité engendrée par des dépenses publiques additionnelles. Bien que de dif-

1 Voir https:/ec.europa.eu/info/sites/info/files/economy-finance/ip131_en_0.pdf

férentes tailles, les nombreuses estimations des multiplicateurs budgétaires convergent vers des niveaux élevés : environ 3 dans le cas des États-Unis [Romer et Romer, 2010] et de la Grande-Bretagne [Cloyne, 2013], 2,4 pour l'Allemagne [Hayo et Uhl, 2014] et 2 pour la France [Creel *et al.*, 2007] par exemple. Cela signifie que 1 euro de dépense publique bien utilisé engendre 3 euros d'activité aux États-Unis. Les politiques budgétaires expansionnistes adoptées lorsque l'économie est faible peuvent non seulement stimuler la production mais aussi réduire les ratios dette/PIB, ainsi que les taux d'intérêt et les écarts de CDS sur la dette publique [Auerbach et Gorodnichenko, 2017]. Ces constatations apprises de la période d'austérité européenne de 2011 à 2015, conduisent à ne pas inciter à une consolidation budgétaire précoce : le niveau élevé de dettes publiques devrait donc perdurer et ne pas empêcher des plans de relance nécessaires.

3) Le troisième élément inédit est la faiblesse des taux d'intérêt sur les dettes publiques. Les taux négatifs début 2021 sur les dettes publiques de maturité faible sont un événement inédit, qui conduit à une faiblesse historique des charges de la dette dans les budgets nationaux. Comme le note Ragot [2021], le taux apparent sur les dettes publiques a été divisé par trois en quelques années et atteint 1,3 %. À un tel taux, le service de la dette arrive à un point bas en 2020 alors que la dette publique atteint un niveau inédit depuis l'après-guerre. Le coût pour les finances publiques étant le service de la dette, le niveau de la dette devient un indicateur très indirect de la soutenabilité des dettes publiques. Un cadre fondé sur un critère de dette, 60 % ou autre, n'est plus pertinent.

4) La crise européenne a conduit à mettre en place un plan d'endettement commun, dénommé *Next Generation EU*, pour aider les pays les plus atteints par la crise de la Covid-19. Ce plan massif de 750 milliards d'euros, soit 5 % environ du PIB de l'Union européenne, est financé par une dette commune européenne afin d'accorder des prêts mais aussi des subventions, pour environ 390 milliards d'euros. Les ressources propres permettant le remboursement de cette dette ne sont pas encore déterminées. Des pistes comme une fiscalité carbone aux frontières, une taxe numérique, une taxe sur les transactions financières sont mentionnées, mais ce ne sont encore que des projets[2]. De ce fait, les

2 Voir aussi le projet d'un impôt européen sur les sociétés dans le chapitre IX.

contributions nationales au budget européen pour financer les remboursements à venir de cette dette sont difficiles à estimer. En d'autres termes, le plan *Next Generation EU* pourrait conduire à une dette additionnelle nationale, difficile à estimer.

Au-delà de cet aspect financier, cette nouvelle dette européenne soulève des questions stimulantes sur la construction d'un fédéralisme fiscal européen. L'on ne peut exclure une augmentation de dettes mutualisées européennes, dont le financement serait en partie assuré par des recettes nationales nouvelles ou par des recettes en concurrence avec les recettes existantes. Cette dernière option pourrait par exemple être une fraction plus importante de la TVA nationale allouée au budget européen. Le cadre européen actuel n'intègre pas de telles possibilités et suppose des dettes publiques nationales. Comment intégrer aux dettes nationales des dettes implicites européennes, dont la charge pour les États dépendra de décisions politiques futures, comme le montant des taxes sur les transactions financières ?

5) Le dernier élément est la très grande incertitude qui prévaut pour chacun des items mentionnés. L'évolution de la dette publique est encore incertaine, comme la croissance de l'économie après la crise de la Covid-19. La croissance potentielle sera un élément d'incertitude de l'évolution à long terme du ratio dette/PIB. La faiblesse actuelle des taux d'intérêt sera persistante. Cependant, on pourrait s'attendre à une remontée des taux dans le cas d'une hausse salutaire de l'inflation. En outre, le montant et la nature des ressources propres européennes sont encore inconnus.

Ces incertitudes doivent non seulement interroger quant au contenu de règles budgétaires, en termes d'objectifs chiffrés ou de cibles, mais aussi mettre en débat la notion de règle elle-même. En effet, une règle, même sous une forme de ratios maximaux et de cadre général d'orientation des politiques budgétaires, doit prétendre à une grande stabilité et généralité. Dans cette situation, une mise à plat générale de l'encadrement européen est nécessaire. L'existence de règles, la nature de ces dernières et enfin leur hiérarchie doivent maintenant être débattues.

Nouvelles règles ou nouvelles institutions ?

L'ampleur du choc de la Covid-19 demande de remettre en débat le cadre même de la coordination économique en revenant aux finalités premières. Si l'objectif est d'assurer la soutenabilité des dettes et de gérer les externalités de demande (ce que nous avons appris depuis la crise des *subprimes* de 2008 et la critique de la période d'austérité), alors d'autres dispositifs que des règles peuvent aboutir plus efficacement au résultat recherché.

Comme la première partie de cet article l'a précisé, la crise des *subprimes* a conduit à une complexification croissante des règles. La deuxième partie a montré qu'une complexité additionnelle sera encore nécessaire pour penser le monde après la Covid-19. La notion même de règle devient donc obsolète.

Quel est dès lors le modèle alternatif de coordination ? Il est possible de confier à une institution le soin d'analyser la soutenabilité des dettes avec un mandat clair, expliquant et justifiant sa méthodologie, sur la base de toute l'information disponible. Tout d'abord, on peut lire ce modèle alternatif comme la continuité des tendances actuelles. Depuis la crise de 2008, l'instabilité du cadre européen donne de fait une capacité discrétionnaire d'interprétation dont la communication de 2015 [COM, 2015] sur les flexibilités possibles du Pacte de stabilité et de croissance est un exemple significatif.

Dès lors, un comité budgétaire indépendant pourrait s'exprimer sur la soutenabilité des dettes publiques nationales et émettre une qualification fournie au Conseil. Ce comité n'aurait pas pour mandat de qualifier la politique économique des gouvernements de la zone euro, ce qui est un tout autre exercice, de nature politique. La contribution récente de Blanchard *et al.* [2021] offre des arguments dans ce sens. Les auteurs proposent de passer de règles budgétaires à des « principe budgétaires généraux » (*fiscal standards*). Un tel principe serait l'affirmation de la nécessaire soutenabilité des dettes publiques dans l'élaboration du budget. Si les dettes publiques sont insoutenables pour des raisons de choc économique, l'État pourrait ne pas être tenu responsable : ce n'est que lors de l'élaboration du budget que le principe de soutenabilité doit être assuré.

La vérification du respect de ces règles générales serait confiée à des institutions indépendantes, comme la Cour de justice européennes ou le Conseil de l'Union européenne, qui pourraient imposer des sanctions le cas échéant. Enfin, l'analyse de la soutenabilité par ces institutions serait réalisée sur une base de critères multiples avec une méthodologie publique mais susceptible d'amendements continus. Ce dernier point est bien connu des économistes. Des institutions comme le FMI ou la Banque mondiale réalisent des évaluations de dettes publiques avec des méthodes consultables en ligne, afin de déterminer le montant des aides aux pays. Le triptyque institution/principe général/méthode publique est donc déjà à l'œuvre au niveau international. L'importation de ce dispositif est cependant complexe dans l'Union européenne où le nombre d'institutions est déjà très élevé. La coordination avec la Commission, le Parlement européen, le Conseil et le Conseil budgétaire européen, entre autres, demande à être précisée.

Pour conclure, l'on peut donc constater un déplacement positif du débat budgétaire européen, de la nature de règles techniques vers deux nouveaux sujets. Le premier est la nature du fédéralisme fiscal qui est en train de se construire dans la crise actuelle. Le second est la création d'institutions assurant la soutenabilité du cadre budgétaire commun, en ne faisant plus de la conformité à une règle, fût-elle complexe, le seul critère d'appréciation des budgets nationaux.

Repères bibliographiques

AUERBACH A. et GORODNICHENKO Y. (2017), « Fiscal stimulus and fiscal sustainability », *in Fostering a Dynamic Global Economy*, Economic Policy Symposium (Jackson Hole) Proceedings, Federal Reserve Bank of Kansas City.

BÉNASSY-QUÉRÉ A., BRUNNERMEIER M., ENDERLEIN H., FAHRI E., FRATZSCHER M., FUEST C., GOURINCHAS P. O., MARTIN P., PISANI-FERRY J., REY H., SCHNABEL I., VERON N., WEDER DI MAURO B. et ZETTELMEYER J. (2018), « Reconciling risk sharing with market discipline : a constructive approach to Euro area reform », *CEPR Policy Insight*, n° 91, janvier.

BLANCHARD O., LEANDRO A. et ZETTELMEYER J. (2021), « Redesigning EU fiscal rules : from rules to standards », *PIIE Working Paper*, février.

CLAEYS G., DARVAS Z. et LEANDRO A. (2016), « A proposal to revive the European fiscal framework », *Bruegel Policy Contribution*, n°17.

CLOYNE J. (2013), « Discretionary tax changes and the macroeconomy : new narrative evidence from the United Kingdom », *American Economic Review*, vol. 103, n° 4, p. 1507-1528.

COM (2015), « Utiliser au mieux la flexibilité offerte par les règles existantes du Pacte de stabilité et de croissance », *Communication de la Commission européenne*, 13 janvier.

CREEL J., MONPERRUS-VERONI P. et SARACENO F. (2007), « Politique budgétaire discrétionnaire en France. Les effets à court et à long terme », *Revue économique*, vol. 58, n° 5, p. 1035-1053.

DARVAS Z., MARTIN P. et RAGOT X. (2018), « Réformer les règles budgétaires européennes : simplification, stabilisation et soutenabilité », *Notes du CAE*, n° 47.

HAYO B. et UHL M. (2014), « The macroeconomic effects of legislated tax changes in Germany », *Oxford Economic Papers*, n° 66, p. 397-418.

MARTIN P. et RAGOT X. (2021), « When and how to deactivate the SGP general escape clause », *in Depth Analysis for the European Parliament*, Economic Governance Support Unit (EGOV).

RAGOT X. (2021), « Plus ou moins de dette publique », *Policy Brief de l'OFCE*, n° 84, janvier.

ROMER C. D. et ROMER D. H. (2010), « The macroeconomic effects of tax changes : estimates based on a new measure of fiscal shocks », *American Economic Review*, vol. 100, n° 3, p. 763-801.

VII/ L'impôt sur les sociétés peut-il constituer une ressource propre de l'Union européenne ?

Guillaume Allègre

La crise sanitaire et économique qui a frappé le monde en 2020 a accéléré les réflexions budgétaires au sein de l'Union européenne. Confrontés à une baisse sans précédent en temps de paix de l'activité économique, les vingt-sept États membres de l'Union européenne se sont mis d'accord sur un plan de relance européen baptisé « Next Generation EU ». Le montant du plan de relance est de 750 milliards d'euros et servira entre autres à soutenir les États membres en matière d'investissements, sous forme de subventions et de prêts. Il faudra en payer les intérêts, puis le remboursement entre 2028 et 2058. Pour cela, l'Union a besoin d'augmenter ses recettes. Dans ce contexte, ce chapitre se propose de discuter de la pertinence d'utiliser l'impôt sur les sociétés (IS) comme recette de l'Union. Dans un premier temps, nous présentons les ressources actuelles de l'Union européenne et celles discutées dans le cadre de Next Generation EU. Ensuite, nous discutons de la pertinence de l'impôt sur les sociétés comme ressource pour l'UE et nous présentons l'histoire des tentatives des réformes européennes de l'imposition des sociétés. Enfin, nous soulignons qu'un accord européen, à l'unanimité des Vingt-Sept, sur une tranche d'impôt sur les sociétés européennes est improbable. Pour conclure, une réforme de l'IS au niveau européen est bloquée par la règle de l'unanimité en matière fiscale. Toutefois, les travaux de l'OCDE pourraient déboucher sur une réforme ambitieuse.

L'Union européenne : quelles ressources ?

Depuis sa création, l'Union européenne ne prélève aucun impôt. Les ressources financières de l'Union proviennent en majeure partie des États membres. L'Union dispose ainsi de plusieurs sources de recettes, qualifiées de ressources propres. En 2020, les ressources propres s'élèvent à 151 milliards d'euros [Commission européenne, 2019]. On distingue généralement trois catégories.

Les ressources propres dites traditionnelles (droits de douane, prélèvements agricoles et cotisations sur le sucre) ont été introduites dans les années 1970. À la fin des années 1970, elles représentaient la majeure partie des ressources de l'Union. Mais le budget a augmenté plus vite que ces ressources dont le poids a en outre diminué du fait de politiques favorables aux échanges internationaux, notamment dans le cadre de l'OMC. Elles ne représentent plus que 14 % des recettes de l'Union en 2020 (22 milliards d'euros).

En 1979, une nouvelle ressource a été ajoutée : un prélèvement proportionnel sur les assiettes fiscales nationales de TVA. La TVA venait en effet d'être généralisée et harmonisée à travers tous les pays membres. L'avantage de la TVA est d'être considérée comme neutre et capable de lever des recettes importantes, nécessaires à l'augmentation rapide du budget européen [Le Cacheux, 2007]. Pourtant, le budget augmente plus vite que la ressource et certains gouvernements ne la trouvent pas assez équitable, car insuffisamment corrélée à la création de richesse. Aujourd'hui, les États transfèrent au budget européen les recettes d'un taux de 0,3 point de TVA appliqué à une assiette harmonisée. Ces recettes représentent 12 % des ressources de l'Union (contre 60 % en 1988).

Enfin, la principale ressource de l'Union est un prélèvement proportionnel sur le revenu national brut[1], introduit en 1988. Il a l'avantage d'être conforme à une certaine idée de l'équité, puisque proportionnel à la richesse produite par chaque État. De plus, la ressource croît par construction aussi vite que les économies des États membres et donc de l'Union. Elle représente 72 % des ressources propres de l'UE en 2018, soit 110 mil-

1 Le RNB est la somme du PIB et du solde des flux de revenus primaires avec le reste du monde.

liards d'euros[2]. En pratique, le taux d'appel est déterminé de façon à dégager le supplément de recettes nécessaire pour financer les dépenses budgétaires non couvertes par les autres ressources et change donc chaque année. La valeur du taux n'étant pas connue par avance, il peut servir également aux États membres à se procurer des marges de manœuvre au plan national en surestimant son montant.

Les recettes totales du budget de l'Union s'élèvent à environ 1 % du PIB européen. Ceci correspond au plafond d'engagement (1 % du RNB) défini dans le cadre financier pluriannuel (CFP) 2014-2020, soit 1 080 milliards d'euros pour l'ensemble de la période. Les recettes ont donc un poids faible et sont peu progressives puisque en grande partie proportionnelles à la richesse produite par chaque État (les ressources TVA et RNB représentent 84 % des recettes). Le débat budgétaire européen est depuis longtemps miné par les concepts de juste retour (dépenses de l'UE en faveur d'un pays particulier) et de contribution nette (différence entre retour et contribution aux ressources propres). C'est dans ce contexte que le Royaume-Uni avait négocié un rabais lors de son entrée dans l'UE. Depuis, d'autres pays bénéficient d'un rabais dans le cadre financier pluriannuel et dans Next Generation EU. En 2018, l'Allemagne (0,45 % du RNB), les Pays-Bas (0,40 %), l'Autriche et le Danemark (0,35 %), la Suède et le Royaume-Uni (0,33 %) et la France (0,31 %) sont les plus gros contributeurs nets [Ecalle, 2020].

Dans le cadre de Next Generation EU, le plafond alloué à l'Union pour couvrir les crédits de paiement est fixé à 1,40 % de la somme des RNB de tous les États membres. Pour couvrir ces nouvelles dépenses, l'Union a donc besoin de nouvelles ressources propres. Ces ressources doivent être guidées, selon le Conseil, par « les objectifs généraux de simplicité, de transparence et d'équité, y compris le partage équitable de la charge » [Conseil de l'Union européenne, 2020]. Le Conseil prévoit « de réformer le système des ressources propres et d'introduire de nouvelles ressources ». Sont déjà prévus : une contribution sur les déchets d'emballage plastique, un mécanisme d'ajustement carbone aux frontières, une redevance numérique, éventuel-

---

2 Le 1 % restant est apporté par d'autres recettes marginales (taxes sur les rémunérations du personnel des institutions européennes, contributions de pays tiers à certains programmes, amendes infligées aux entreprises).

lement un système d'échange de quotas d'émissions étendu à l'aviation et au transport maritime, et enfin une taxe sur les transactions financières (à partir de 2028). Alors que l'horizon est relativement long, le document ne mentionne pas un éventuel financement par l'imposition des sociétés. Pourtant, cette proposition faisait partie de trois propositions de nouvelles ressources propres pour augmenter le budget de l'Union faites par la Commission en 2018 [Commission européenne, 2018]. Comme nous le verrons, le Conseil a peut-être anticipé les difficultés liées à la mise en place de cette éventuelle ressource européenne.

L'impôt sur les sociétés, un impôt européen pertinent ?

Quelles devraient être les caractéristiques d'un bon impôt européen ? Simple, transparent, équitable selon le Conseil. Mais un mécanisme d'ajustement carbone ou un échange de quotas d'émissions sont loin d'être simples et transparents. Pourquoi s'éloigner d'un financement par le RNB, indéniablement simple, transparent et équitable ? Pourquoi ajouter d'autres ressources lorsqu'on en a une bonne, et que le taux est faible et ne crée pas de distorsion ? On peut avancer deux raisons. Premièrement, pour une question d'efficience ou d'efficacité. Deuxièmement, pour une question d'équité autre que l'équité internationale. Un mécanisme d'ajustement carbone a pour objectif de pallier une défaillance de marché et de réduire les émissions internationales de carbone, condition nécessaire pour atteindre les objectifs de l'Accord de Paris. Une taxe carbone aux frontières est donc un impôt efficient. Elle peut aussi être vue comme équitable puisqu'elle fait payer au consommateur (ou producteur) pollueur une partie du coût de la pollution. C'est un principe d'équité (« pollueur-payeur ») différent du financement selon la capacité contributive nationale, que les Européens ont adopté jusqu'ici. De même, l'impôt européen sur les sociétés peut réduire la concurrence fiscale dommageable tout en faisant contribuer les entreprises, en fonction de leurs bénéfices, en non pas seulement les États.

Est-il juste de faire contribuer les entreprises selon leur profit ? Les impôts nationaux sur les sociétés sont-ils justifiés et pourquoi ? Pour certains, il ne faudrait pas imposer les revenus engendrés par l'utilisation du capital dans les entreprises car les revenus des capitaux sont déjà imposés au niveau personnel.

Il pourrait ainsi y avoir double imposition, ce qui implique à la fois iniquité et distorsion économique, en défaveur des investissements dans les entreprises. Deuxièmement, du fait de la mobilité des capitaux, l'imposition des sociétés incite les multinationales à se délocaliser dans les pays à plus faible fiscalité, ce qui implique à la fois de l'inefficience, puisque les entreprises ne se localisent pas là où le rendement brut du capital est le plus élevé, et des pertes d'assiette pour les pays à taux élevé. Le mécanisme de concurrence fiscale semble inévitable si les décisions sont décentralisées, ce qui plaide contre des impôts nationaux sur les sociétés. Toutefois, malgré ces arguments, les pays développés continuent à imposer le profit des entreprises. Celui-ci peut en effet au moins en partie être considéré comme une rente et taxer les rentes est un des modes les plus efficaces de prélèvement, car ne provoquant pas de distorsion [Le Cacheux, 2007]. Historiquement, les rentes étaient liées à des avantages naturels (climat, terres fertiles, etc.), mais elles peuvent être aussi liées aux infrastructures d'un pays, au niveau d'éducation de sa main-d'œuvre, aux rentes de localisation (proximité de débouchés, d'un laboratoire de recherche, de centres de décision). Les rentes dont bénéficient les entreprises sont en partie construites : elles dépendent à la fois des dépenses publiques (infrastructures, éducation) et des décisions publiques (en termes d'urbanisme). Il semble donc légitime que les entreprises y contribuent, là où la rente a été créée et où la dépense publique a été effectuée, et non pas là où les actionnaires résident. L'imposition des entreprises par les États en fonction des avantages procurés par la localisation d'activités sur leur territoire semble donc à la fois efficiente et juste. De plus, l'imposition des bénéfices permet d'éviter des situations de double non-imposition. En effet, les revenus du capital ne sont imposés au niveau individuel que lorsque les entreprises distribuent des dividendes. En particulier, les bénéfices non distribués, les plus-values latentes ne sont pas imposés. Or de nombreuses entreprises, généralement justement pour des questions fiscales, ne distribuent pas de dividendes. L'imposition peut être différée éternellement, d'autant plus que l'imposition des plus-values, si un individu vend ses actions plutôt que d'attendre un futur dividende, fait souvent l'objet d'une fiscalité particulière.

Que retirer de cette analyse par rapport à l'imposition des entreprises au niveau européen ? Il est probable que les rentes soient majoritairement construites au niveau national, niveau auquel sont financés les services publics, les infrastructures et où sont prises les décisions d'urbanisme. Cela justifie que l'imposition des sociétés bénéficie en grande partie à cet échelon. Le marché unique pourrait en revanche justifier qu'une part de l'imposition sur les sociétés bénéficie à l'échelon européen, les entreprises, notamment multinationales, bénéficiant de la libre circulation des biens et des services, de l'abandon des droits de douane, de l'harmonisation des normes, des règles de concurrence, de la stabilité macroéconomique, au niveau de l'Union européenne.

Un autre argument en faveur d'un impôt européen sur les sociétés, ou au moins d'une part d'impôt, est la concurrence fiscale évoquée plus haut. Des taux d'imposition trop différents pourraient créer des distorsions et attirer les capitaux dans les pays à bas taux, même si les rendements bruts ne sont pas aussi élevés. En fait, ce que l'on observe, ce n'est pas tant la mobilité des investissements en capital que celle de la base fiscale des multinationales. Celles-ci peuvent en effet faire jouer les prix de transfert entre leurs filiales afin de localiser les profits dans les pays à faible taux d'imposition. Torslov *et al.* [2018] montrent que, dans les pays à haut taux d'imposition, les entreprises internationales déclarent systématiquement moins de profits que les entreprises locales. En revanche, dans les pays à faible taux d'IS, les entreprises internationales déclarent bien plus de profits. La manipulation des prix de transfert permettrait un transfert artificiel de la base taxable (*paper profits*) vers les pays à faible taux d'IS. Par conséquent, en l'absence de régulation supranationale, certains pays peuvent avoir intérêt à réduire leur taux d'imposition pour attirer de la base taxable (et augmenter leurs recettes fiscales !). De plus l'intégration européenne, en réduisant les coûts de mobilité, favorise la concurrence fiscale [Le Cacheux, 2008]. Le graphique 1 montre que la concurrence fiscale européenne a eu pour conséquence attendue une réduction des taux d'imposition des sociétés. Une tranche européenne d'imposition sur le bénéfice des sociétés permettrait de compenser cette baisse. Comme l'assiette est mobile, il peut paraître à la fois efficace et équitable d'imposer au niveau européen. Efficace, car cela réduit la concurrence fiscale dommageable : le message général de la littérature est que la concurrence fiscale conduit à des distorsions [Madiès et Schnyder, 2005]. Équitable, car cela réduit la prédation fiscale. De plus, la baisse de la fiscalité sur

Graphique 1. **Taux d'imposition statutaires dans l'Union européenne, 1995-2020**

En %

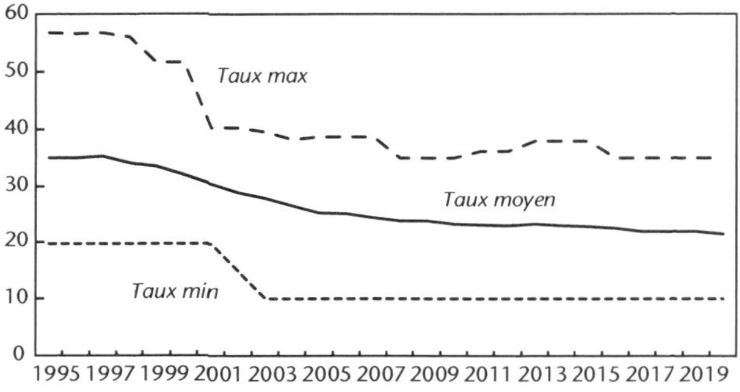

Source : Commission européenne.

les bases mobiles a pour corollaire une hausse de la fiscalité sur les bases moins mobiles, comme la TVA, et ainsi une moindre redistributivité [Allègre et Pellefigue, 2018].

Le problème de l'impôt sur les sociétés comme ressource propre de l'Union est le caractère cyclique des recettes : par construction, un impôt frappant les profits est beaucoup plus volatil que les impôts ayant pour assiette les salaires ou la consommation. Or le budget de l'Union européenne doit équilibrer les dépenses et recettes et ne prévoit pas de déficit ou d'emprunt (Next Generation EU constitue une rupture radicale à cet égard). À l'inverse, l'avantage, si cette norme devait être remise en cause, serait d'introduire de la contracyclicité et des transferts internationaux en cas de choc asymétrique entre nations européennes.

L'impôt sur les sociétés : difficiles tentatives de réforme européenne

La question d'une réforme européenne de l'impôt sur les sociétés n'est pas nouvelle. Toutefois, les termes du débat ont changé assez radicalement.

Après une longue élaboration, la Commission européenne fait une proposition d'assiette commune consolidée pour l'impôt sur les sociétés (directive ACCIS) en 2011. L'exposé des motifs de la directive mentionne que, « en l'absence de règles communes en matière d'impôt sur les sociétés au sein de l'Union européenne (UE), l'interaction des régimes fiscaux nationaux entraîne souvent une surimposition et une double imposition des entreprises, qui doivent supporter de lourdes charges administratives et des coûts élevés pour se conformer à la législation fiscale » [Commission européenne, 2011]. Il s'agit donc en premier lieu de lutter contre les charges excessives et la double imposition, dans un objectif d'efficacité. C'est la vision traditionnelle de la coordination fiscale internationale, l'objectif usuel des traités fiscaux bilatéraux étant également d'éliminer la double imposition, en déterminant quelle juridiction peut taxer quelle assiette. En 2011, ACCIS est vue comme un approfondissement du marché unique permettant « d'atténuer les distorsions sur le marché causées par l'interaction actuelle de vingt-sept régimes fiscaux ». La communication de la Commission au Conseil et au Parlement européen s'intitule « Vers un marché intérieur sans entraves fiscales ». La question de la concurrence fiscale n'est pas abordée, celle des prix de transfert n'est abordée que sous l'angle du coût administratif (« Réduire les obligations en matière de respect des règles sur les prix de transfert »), le terme « équité » n'apparaît pas. Pour démontrer que la directive est conforme au principe de subsidiarité, la Commission insiste sur le fait que « la présente proposition se limite à lutter contre les obstacles fiscaux dus aux disparités des régimes nationaux ».

Dans ce contexte, que propose la directive de 2011 ? Le projet ACCIS de 2011 propose une assiette commune consolidée à l'impôt sur les sociétés et la répartition de celle-ci entre les États membres selon une formule préétablie. Selon la formule proposée par la Commission, la part attribuable à chaque État est fonction des facteurs « chiffre d'affaires », « main-d'œuvre » et « immobilisations », à poids égal (un tiers chacun). Le facteur « main-d'œuvre » est constitué pour moitié du montant de la masse salariale et pour moitié du nombre d'employés. Les immobilisations incluent les immobilisations corporelles mais aussi les coûts supportés en matière de recherche, développement, commercialisation et publicité au cours des six dernières années. Selon la proposition, les États peuvent ensuite taxer cette assiette au taux qu'ils choisissent. Ils gardent ainsi une part de souveraineté fiscale. Pour les sociétés, le régime est optionnel. Outre la facilité administrative, opter pour l'assiette commune consolidée leur permet une compensation transfrontalière des déficits, ce qui devrait permettre de réduire leur impôt total au niveau européen. Au fond, le seul fait de leur donner le choix d'opter ou non pour l'assiette commune devrait leur permettre de réduire leur facture fiscale puisque l'on peut présumer qu'elles choisiront l'option la plus avantageuse.

Quelles auraient pu être les conséquences de cette directive de 2011 ? Premièrement, elle supprimait l'utilisation des prix de transfert entre filiales (pour les entreprises optant pour l'assiette consolidée), ce qui aurait mécaniquement réduit le transfert artificiel des bénéfices vers les pays à faible taux d'imposition, ce qui implique moins de concurrence fiscale pour les *paper profits*. Deuxièmement, l'assiette consolidée avec des taux nationaux peut augmenter la concurrence fiscale, non pas pour les *paper profits*, mais pour les investissements eux-mêmes. Or cette concurrence fiscale crée potentiellement plus de distorsions économiques que celle pour la base taxable : les pays à haut taux d'imposition ne perdraient pas que des recettes fiscales, mais aussi de l'emploi et de l'investissement. Il est aussi possible que la concurrence fiscale soit facilitée par l'harmonisation de l'assiette. Le niveau de concurrence fiscale dépendrait en réalité de la clé de répartition de l'assiette. Le fait que l'assiette soit répartie pour un tiers selon le chiffre d'affaires réduit la concurrence. Mais ceci s'éloigne du principe admis internationalement d'imposition des sociétés dans l'État d'origine, c'est-à-dire là où les biens et services sont produits plutôt que consommés. En fait, il n'y a pas d'études tentant d'estimer le changement d'intensité de concurrence fiscale à la suite de ce projet de directive [Allègre et Pellefigue, 2018].

En 2012, le Parlement européen a adopté une résolution législative prévoyant une répartition par État de l'assiette fiscale selon le chiffre d'affaires, la main-d'œuvre et les immobilisations de 10 %, 45 % et 45 % respectivement, afin de ne pas trop s'éloigner de la doctrine internationale[3] (qui continuera

3 Selon cette doctrine, l'impôt sur les sociétés est dû là où s'exerce l'activité (productive). Selon ce principe, un fabricant allemand de voitures ne possédant pas de réseau de distribution en France paye l'impôt en Allemagne.

d'exister en dehors de l'UE). Dans ce cas, du fait d'un poids dans la clé de répartition plus élevé de la localisation de l'activité et un poids moins important des ventes (10 % dans la proposition du Parlement au lieu d'un tiers selon ACCIS), la concurrence fiscale aurait été plus importante. Était-ce une concession aux paradis fiscaux, lesdits États de petite taille, afin d'obtenir une unanimité parmi les États membres ? Autres différences entre la résolution parlementaire et la directive : la réforme doit être neutre fiscalement et le système à terme obligatoire pour les grandes entreprises. Le Parlement européen demande également à la Commission une évaluation indépendante de « l'impact sur un prélèvement équitable et juste des impôts dans les États membres » et « des avantages et des inconvénients de l'introduction de taux minimaux d'imposition ».

Cette première directive n'ayant pas abouti faute d'accord unanime des États membres, la Commission relance l'ACCIS en 2016, avec une implémentation qui se ferait en deux étapes : dans un premier temps, la standardisation de l'assiette de l'IS (projet ACIS), puis la consolidation et le partage de la base taxable (ACCIS). Le communiqué de presse de la Commission inclut plusieurs objectifs : « un système d'imposition des sociétés propice à la croissance et équitable » permettant « aux entreprises d'exercer leurs activités plus facilement et à moindre coût » et constituant « un outil puissant pour lutter contre l'évasion fiscale » [Commission européenne, 2016]. Les termes « équité » et « évasion » fiscale sont répétés plusieurs fois alors qu'ils étaient absents de la directive de 2011, ce qui démontre un changement des préoccupations affichées de la Commission. La Commission propose de rendre le régime obligatoire aux grands groupes multinationaux et de mettre fin aux failles entre les systèmes fiscaux des États membres et des pays tiers afin de lutter contre l'évasion fiscale extra-communautaire : la proposition est ainsi bien moins favorable aux entreprises et plus soucieuse de renforcer la capacité des États à lever l'impôt.

L'approche en deux temps (assiette harmonisée puis consolidation et répartition) est censée contourner les blocages posés par les questions de répartition. Le risque est que la deuxième directive ne soit de fait jamais votée. Or ACIS seul a peu d'avantages : les prix de transfert ne sont pas éliminés et la concurrence fiscale sur le taux d'IS pourrait être accrue par l'harmonisation de l'assiette : aujourd'hui, les entreprises arbitrent entre les taux et les divers crédits/déductions. La directive ACIS devait s'appliquer au 1er janvier 2019, et ACCIS au 1er janvier 2021. Le projet est toutefois toujours loin de faire l'unanimité des États membres.

Aujourd'hui, en matière d'imposition des sociétés, la Commission se concentre plutôt sur la taxation des multinationales du numérique et la notion d'établissement stable. Cette approche a l'avantage de vouloir taxer des entreprises extra-européennes payant aujourd'hui peu d'impôt dans l'UE, plutôt que de poser la question de la répartition des recettes fiscales entre États membres. Le problème réside dans la réaction des États-Unis d'où viennent les multinationales du numérique. L'administration Trump n'avait pas l'intention de rester inactive bien que la plupart des bénéfices hors États-Unis de ces sociétés soient domiciliés dans des paradis fiscaux, comme les Bahamas. Une taxe sur les entreprises numériques, qui s'éloignerait des principes actuels d'imposition des multinationales, pourrait amener les États-Unis à mettre en œuvre des représailles, à l'image de celles annoncées lors de la présentation de la taxe GAFA en France.

En 2018, la Commission propose qu'une tranche de 3 % soit prélevée sur l'assiette commune consolidée de l'impôt sur les sociétés afin d'accroître les ressources propres de l'Union dans le cadre du budget pluriannuel 2021-2027. Ceci se ferait dans le cadre de la directive ACCIS (dont l'adoption n'a pas avancé). Même si l'objectif premier est le financement du budget de l'Union, un tel instrument pourrait réduire la concurrence fiscale entre États membres [Cerioni, 2018].

En pratique, pourquoi un accord sur une tranche d'IS est-il improbable ?

Malgré la concurrence fiscale, les taux *statutaires* de l'impôt sur les sociétés sont très hétérogènes en Europe. Ils varient de 10 % en Bulgarie à 32 % en France (graphique 2). Surtout, dans la perspective d'une imposition commune, les modes de calcul des assiettes (déductibilité des intérêts, prise en compte des amortissements, existence de divers crédits d'impôt, etc.) sont encore très hétérogènes : outre les taux, les États utilisent en effet également la réduction de l'assiette fiscale afin d'attirer la base taxable des multinationales.

Le poids des profits des sociétés dans le PIB diffère également entre les pays européens car les paradis fiscaux attirent une part

Graphique 2. **Taux statutaire de l'impôt sur les sociétés et recettes par point de taux statutaire**

En %

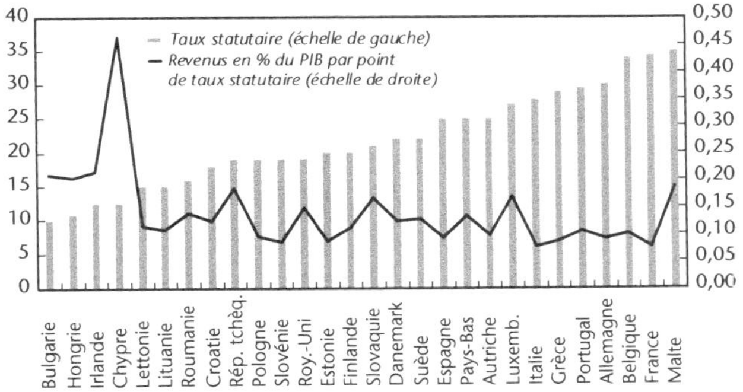

Sources : Commission européenne, calculs de l'auteur.

de la base taxable des autres pays. De plus, les pays peuvent différer en termes d'incorporation : il existe un arbitrage entre se soumettre à l'impôt sur les sociétés et payer l'impôt personnel sur le revenu. Par exemple, une baisse des taux statutaires d'IS peut inciter à se soumettre à cet impôt alors que des taux élevés peuvent inciter à rester dans le régime de l'imposition sur le revenu. Enfin, la profitabilité des entreprises peut différer entre les pays notamment selon la spécialisation sectorielle.

Conséquence d'assiettes différentes et de poids différents des profits des sociétés, un point de taux statutaire d'impôt sur les sociétés rapporte un revenu en pourcentage du PIB différent dans les pays de l'Union européenne. Un point de taux statutaire rapporte ainsi 0,46 % de PIB à Chypre, 0,22 % en Irlande, mais seulement 0,08 % en Italie et en France, soit un rapport de 1 à 6 (graphique 2).

Une tranche européenne d'IS impliquerait d'harmoniser les assiettes mais, jusqu'ici, la directive ACIS ne fait pas l'unanimité, chaque État membre défendant ses spécificités. Par exemple, la France défend son crédit impôt recherche. Si la directive prévoit un traitement spécifique des dépenses de recherche et dé-

Graphique 3. **Taux statutaire de l'impôt sur les sociétés nécessaire pour lever 1 % du PIB**

En %

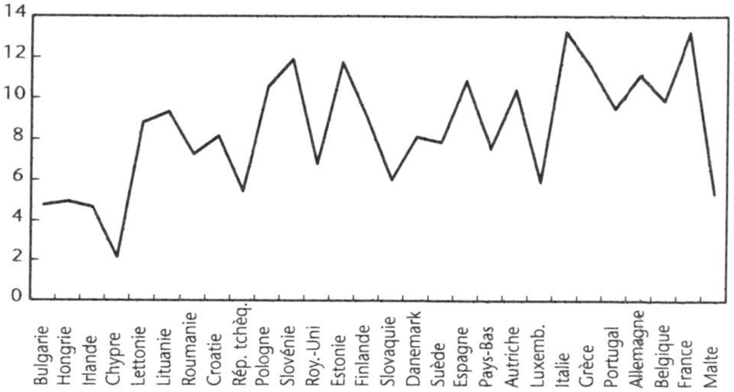

Sources : Commission européenne, calculs de l'auteur.

veloppement, la France perdrait tout de même un de ses avantages concurrentiels.

Même avec une assiette harmonisée, une tranche d'impôt sur les sociétés européennes qui se rajouterait aux taux statutaires actuels engendrerait des contributions en pourcentage du PIB très hétérogènes entre États membres. Les paradis fiscaux, Irlande en tête, contribueraient davantage du fait d'une plus grande part de *paper profits* dans leur PIB. On peut arguer qu'il s'agit là de justice fiscale, soit une contribution juste des paradis fiscaux, mais il est probable que les pays les plus contributeurs n'aient pas la même notion de la justice fiscale et qu'il soit ainsi difficile de trouver une unanimité entre États membres.

Il est plausible qu'une tranche forfaitaire d'impôt sur les sociétés visant à financer le budget de l'Union européenne n'obtiendrait pas un accord unanime. Peut-on réfléchir à un taux variable qui égaliserait les contributions de chaque pays en pourcentage du PIB ? Ceci impliquerait un taux six fois plus faible à Chypre qu'en France : pour lever 1 % du PIB, le taux devrait être de 2,2 % à Chypre et de 13,2 % en France et en Italie (graphique 3). Si une certaine vision de l'équité internations serait respectée[4], ce n'est pas le cas de l'équité interindividuelle. Pourquoi une entreprise française soumise à l'IS paierait six fois plus que l'entreprise chypriote ? De plus, avec un tel mécanisme, il y aurait une divergence encore plus grande entre les taux statutaires chypriote et français, ce qui pourrait inciter à une fuite encore plus importante de la base taxable.

Une taxation du bénéfice des sociétés au niveau européen ne paraît concevable *a minima* que si le calcul de l'assiette fiscale est homogène à travers l'Union européenne. Comme nous l'avons vu, cette homogénéisation de l'assiette est loin d'être acquise, les différences de calcul pouvant faire partie de la compétitivité fiscale des nations. Mais même si les assiettes étaient homogènes, il est peu probable que les différents pays se mettent d'accord sur un taux fixe : cela impliquerait des contributions rapportées au PIB très hétérogènes selon les pays : certains pays attirent une base taxable importante du fait notamment de leur faible taux d'imposition. Or la contribution selon une mesure de la richesse nationale (consommation ou revenu) est jusqu'ici le principe sur lequel se sont mis d'accord les pays de l'Union. Respecter ce principe en modulant le taux d'IS selon les pays pose problème du point de vue de l'équité entre les individus/entreprises. En l'état actuel des choses, sans changement institutionnel majeur qui permettrait le prélèvement par l'Union d'un impôt sur les sociétés calculé sur une base homogène, il ne semble donc pas y avoir de solution permettant la mise en place d'une tranche d'IS européen. La crise actuelle peut conduire à la mise en place de règles nouvelles confortant l'évolution vers plus de supranationalité de l'impôt et du budget européen et mécaniquement plus de solidarité entre les membres de l'Union. Inversement, elle peut aussi contribuer à diviser l'Union et conduire à terme à sa dissolution. Plus que jamais, la question européenne comme la question fiscale sont des questions politiques.

Conclusion : que faire ?

L'imposition actuelle des sociétés semble inéquitable pour deux raisons. Premièrement, grâce aux *paper profits*, les paradis fiscaux attirent une assiette fiscale déconnectée de l'activité réelle, qui peut donc être considérée comme illégitime. À cette iniquité internationale s'ajoute une iniquité interfirmes puisque, à profit donné, les multinationales peuvent réduire leur taux d'imposition en localisant leurs profits dans les paradis fiscaux.

Que doivent faire les pays à haut taux d'IS se sentant lésés ? Comme le montre le graphique 1, il y a une course vers le bas sur les taux d'IS. Pour mettre fin à cette course, la négociation sur l'assiette commune doit comporter une référence à un taux minimal. Pour être acceptable par tous, ce taux pourrait être dans un premier temps fixé à 10 %, soit le taux minimum actuellement en vigueur au sein de l'UE (en fait, 9 % en Hongrie sans inclure la taxe locale sur les sociétés, 10,8 % en l'incluant). Pour l'instant, ce sont les pays à haut taux (France) qui baissent ou ont prévu de baisser leur taux, mais un taux minimal permettrait d'éviter que les pays à bas taux réagissent en diminuant leur taux à leur tour.

Dans le cadre de son projet BEPS (*Base erosion and profit shifting*), l'OCDE a avancé une proposition ambitieuse (dite GloBE ou *Global Anti-Base Erosion Proposal*). Pour simplifier, les pays signataires imposeraient un taux d'imposition global minimal, calculé sur les revenus globaux des multinationales[5]. Si un pays source taxe à un taux plus faible, les autres pays concernés peuvent alors surtaxer les revenus en direction du pays considéré fautif [OCDE, 2019]. L'OCDE est une instance coopérative pour l'élaboration de normes : le projet ci-dessus nécessiterait de se mettre d'accord sur un ensemble important de règles, afin d'éviter les doubles impositions ou la non-imposition. Concernant l'imposition des multinationales, l'institution est peut-être plus pertinente que l'Union européenne pour deux raisons : elle est globale, or la question de l'évasion fiscale est globale, et elle ne requiert pas l'unanimité. Une coalition de grands pays à haut taux d'IS peut trouver une entente sur de nouvelles règles et dénoncer les conventions fiscales existantes avec les paradis fiscaux. Ce rapport de forces pourrait permettre d'atteindre plus facilement un consensus.

Repères bibliographiques

Allègre G. et Pellefigue J. (2018), « Quel rôle peut jouer l'Europe dans l'imposition des multinationales ? », *Revue de l'OFCE*, n° 158.

5 Dans ses documents de présentation du projet, l'OCDE ne donne pas de précision sur le niveau du taux minimum global, mais utilise 15 % dans les annexes illustratives.

Cerioni L. (2018), « The European Commission proposal for a 3 % "call rate" as a new suggestion for a EUCIT : an assessment against the criteria for a fair taxation », *EC Tax Review*, vol. 27, n° 5, p. 237-249.

Commission européenne (2011), « Proposition de directive du Conseil concernant une assiette commune consolidée pour l'impôt sur les sociétés (ACCIS) », COM/2011/0121 final.

— (2016), « La Commission propose une grande réforme de l'impôt sur les sociétés dans l'Union », *Communiqué de presse*, 25 octobre.

— (2018), « Un cadre financier pluriannuel nouveau et moderne pour une Union européenne qui met en œuvre ses priorités avec efficience au-delà de 2020 », Communication de la Commission, COM (2018) 98 final.

— (2019), « Projet de budget général de l'Union européenne pour l'exercice 2020 », COM (2019) 600.

Conseil de l'Union européenne (2020), « Proposition de décision du Conseil relative au système des ressources propres de l'Union européenne », 2018/0135 (CNS)+2020.

Ecalle F. (2020), « Le nouveau budget européen », Fipeco.fr.

Le Cacheux J. (2007), « Funding the EU budget with a genuine own resource : the case for a European tax », *Notre Europe Studies & Research*, n° 57.

— (2008), « La concurrence fiscale dans l'Union européenne », *Idées économiques et sociales*, n° 4.

Madiès T. et Schnyder S. (2005), « Concurrence fiscale : les enseignements de la théorie et la réalité des faits », *in* Mignolet M. (dir.), *Le Fédéralisme fiscal. Leçons de la théorie économique et expérience de quatre États fédéraux*, De Boeck Supérieur, Louvain-la-Neuve, chapitre 14.

OCDE (2019), « Global Anti-Base Erosion proposal ("GloBE") – Pillar two », *Public Consultation Document*.

Torslou T. R., Wier L. S. et Zucman G. (2018), « The missing profits of nations», *NBER Working Paper*, n° 24701, juin.

VIII/ Le *Green Deal* européen : juste une stratégie de croissance ou une vraie transition juste ?

Éloi Laurent

Dans une lettre audacieuse et visionnaire datée du 14 février 1972, adressée au président de la commission européenne de l'époque, Franco Maria Malfatti, le commissaire européen à l'Agriculture Sicco Mansholt, alarmé par l'ampleur des crises environnementales révélées par le rapport de l'équipe Meadows [1972] (« Les limites à la croissance »), dont il venait de prendre connaissance, écrivait ceci : « Il est clair que la société de demain ne peut pas être axée sur la croissance, du moins pas celle des biens matériels. » Il ajoutait que les dix États membres de la CEE d'alors devraient « cesser d'orienter » leur « système économique vers la recherche d'une croissance maximale et d'une augmentation constante du produit national brut ». Et encore : « Nous ferions bien d'examiner comment nous pourrions aider à mettre en place un système économique qui ne repose plus sur une croissance maximale par habitant » [Mansholt, 1972].

Près de cinquante ans plus tard, en décembre 2019, alors que les crises environnementales se sont considérablement accélérées depuis la lettre de Mansholt et menacent désormais directement le sort de l'humanité sur la planète, le « Green Deal » (« Pacte vert pour l'Europe ») est présenté de manière étonnante par les autorités européennes comme une « nouvelle stratégie de croissance ».

Environ deux semaines plus tard, la Chine déclare les premiers cas de Covid-19 à l'Organisation mondiale de la santé et commence le traçage systématique des infections dans le pays. Le contexte européen et mondial a donc radicalement changé depuis décembre 2019, mettant encore plus en évidence la nécessité d'une réflexion approfondie sur les carences des objectifs poursuivis par le Pacte vert au vu de crises écologiques désormais bien tangibles, alors même qu'elles étaient réputées lentes et invisibles. Sous cette contrainte biosphérique, les systèmes économiques fondés sur la maximisation de la croissance économique apparaissent fondamentalement insoutenables.

Pourtant, les conclusions de la réunion extraordinaire du Conseil européen des 17 et 21 juillet 2020, convoquée pour répondre aux retombées de la crise de la Covid-19, n'ont pas répondu à cette réévaluation : tout en appelant à une « approche innovante, favorisant la convergence, la résilience et la transformation de l'Union européenne » [Conseil européen, 2020], les mesures prises conduiront en fait, selon la résolution du Parlement européen du 23 juillet 2020, à réduire les dépenses des programmes de transition sanitaire et climatique [Parlement européen, 2020].

Les sources d'inspiration ne manquent pourtant pas pour faire du Pacte vert européen un véritable projet de transition juste, à commencer par les références historiques.

Ainsi, alors que, en mars 1933, le président des États-Unis nouvellement élu Franklin Delano Roosevelt engageait son pays dans un programme inédit de régulation économique, de protection sociale et d'investissement public, dès ce « premier New Deal », il prit soin d'articuler l'impératif de progrès social au défi émergent de la protection de l'environnement : le Civilian Conservation Corps (CCC) — qui assura de 1933 à 1942 un « emploi vert » (forêts, barrages, etc.) à un total de 3 millions de chômeurs — figurait parmi les toutes premières mesures de la nouvelle administration américaine.

Cette double ambition sociale et écologique est la matrice de la proposition de loi pour un « Green New Deal » présentée en février 2019 par la parlementaire Alexandria Ocasio-Cortez et ses collègues de la Chambre des représentants. Rejeté par le Sénat républicain sans examen et considéré avec scepticisme par la nouvelle administration Biden, le « Green New Deal » identifie comme cause fondamentale du mal-être américain les « inégalités systémiques » (sociales et écologiques) et assigne au gouvernement fédéral le « devoir » de mettre en œuvre pour les atténuer une « transition juste et équitable » en priorité au bénéfice des « communautés exposées et vulnérables ».

C'est peu dire que la communication de la Commission européenne rendue publique le 11 décembre 2019 présentant les grandes lignes du « Pacte vert pour l'Europe » ne s'inscrit pas dans cette double filiation. Elle définit d'emblée le Pacte vert comme une « nouvelle stratégie de croissance » pour le continent et mobilise pour lui donner corps des instruments qui relèvent majoritairement de l'efficacité économique dans le but de rendre crédible l'ambition de « devenir le premier continent climatiquement neutre au monde d'ici à 2050 ».

L'Union européenne a déjà, dans un passé récent, voulu se donner une stratégie de moyen terme. En 2000, la stratégie de Lisbonne entendait faire de l'Europe « l'économie de la connaissance la plus compétitive et la plus dynamique du monde, capable d'une croissance économique durable accompagnée d'une amélioration quantitative et qualitative de l'emploi et d'une plus grande cohésion sociale ». Deux défauts majeurs de cette stratégie avaient alors été identifiés et expliquent en grande partie, rétrospectivement, son échec : l'incohérence des objectifs et l'inadéquation des moyens aux fins. Si l'on veut éviter ces deux écueils, il faut examiner de près la solidité de l'architecture de la nouvelle stratégie européenne alors qu'elle est encore en construction et donc encore amendable, à commencer par la pertinence de ses objectifs climatiques.

Des cibles climatiques « ambitieuses » mais improbables

Le concept de « neutralité carbone », introduit par le GIEC pour consolider ses scénarios les plus optimistes, figure en toutes lettres à l'article 4.1 de l'Accord de Paris (2015) :

« En vue d'atteindre l'objectif de température à long terme énoncé à l'article 2, les Parties cherchent à [...] parvenir à un équilibre entre les émissions anthropiques par les sources et les absorptions anthropiques par les puits de gaz à effet de serre au cours de la deuxième moitié du siècle. »

En clair, il s'agit, d'ici à 2050, de faire en sorte que les émissions de gaz à effet de serre (GES) issues des activités humaines (combustion des énergies fossiles et déforestation) n'excèdent pas la capacité d'absorption des puits naturels et artificiels de carbone. Aujourd'hui, les émissions de CO_2 d'origine humaine, qui proviennent à 86 % de la combustion des énergies fossiles et à 14 % de la déforestation, ne sont absorbées qu'à hauteur de 29 % par les forêts et 23 % par les mers et les océans, qui sont des puits de carbone naturels, le reste, 48 % des émissions, alimentant l'effet de serre en se fixant dans les basses couches de l'atmosphère.

Cet objectif de neutralité carbone pose toutes sortes de problèmes méthodologiques : le périmètre des gaz considérés, le recours à des technologies aujourd'hui non éprouvées de puits artificiels, la compensation plus ou moins réaliste entre réduction des émissions et augmentation des capacités d'absorption, etc. Mais surtout, tel qu'il figure dans le Pacte vert, cet objectif n'est ni nouveau ni surtout crédible.

En tant que signataire de l'Accord de Paris, l'Union européenne a déjà, dans les faits, souscrit à la neutralité carbone d'ici à 2050 et plusieurs de ses États membres l'ont déjà explicitement intégré dans leur stratégie climat national (la France notamment). La nouveauté est plutôt l'ambiguïté du terme « neutralité climatique » qui figure dans le projet de Pacte vert, terme distinct de la « neutralité carbone » (et défini comme suit : « parvenir à un niveau zéro d'émission nette de tous les gaz à effet de serre d'ici 2050 »), qui doit informer la première mesure concrète du Pacte vert : la « législation européenne sur le climat », introduite au printemps 2020 et encore en négociation dans les instances européennes.

À supposer que celle-ci inscrive effectivement dans la loi européenne l'objectif d'« absence d'émission nette de gaz à effet de serre d'ici 2050 » pour les pays de l'UE considérés ensemble, il faudrait en tout état de cause que l'effort soit bien plus important qu'actuellement en matière de réduction d'émissions (afin d'éviter de parier de manière déraisonnable en fin de période sur l'augmentation des capacités d'absorption pour atteindre, au total, la neutralité carbone).

Or, ici aussi, l'ambiguïté prévaut. Certes, la Commission indique vouloir « porter l'objectif de l'UE en matière de réduction des émissions de gaz à effet de serre pour 2030 à au moins 50 % et tendre vers 55 % par rapport aux niveaux de 1990, et ce de manière responsable ». Il s'agit donc de construire une trajectoire de réduction d'émissions plus cohérente, en mettant davantage l'accent sur la décennie 2020-2030. Mais les rédacteurs oublient d'avertir les lecteurs du fait que, selon les dernières projections de l'Agence européenne de l'environnement (décembre 2019), l'objectif actuel de 40 % de réduction d'ici à

Graphique 1. **Les trajectoires climat de l'Union européenne**

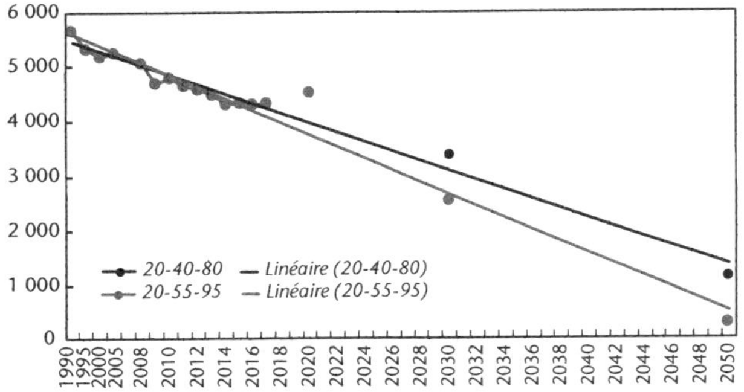

Source : Commission européenne.

2030 ne sera, selon toute vraisemblance, pas atteint. Autrement dit, l'Union européenne relève ses cibles climatiques à mesure qu'elle rate ses objectifs.

Pour s'en convaincre, examinons les données rétrospectives et prospectives : entre 1990 et 2008, les émissions européennes ont baissé de 11 %, puis de 15 % entre 2008 et 2017, mais la moitié de cette diminution a été acquise entre 2008 et 2009 du fait de la « Grande Récession ». Le Pacte vert propose en somme de porter le rythme annuel de réduction d'émissions, de l'ordre de 0,7 % par an depuis vingt-cinq ans hors récession, à environ 4,3 % par an à partir de 2020 et jusqu'en 2050.

Pour apprécier l'ampleur de l'effort et surtout le mettre en perspective par rapport à l'objectif de baisse de 40 % d'ici à 2030, on peut dessiner deux trajectoires climatiques pour l'UE pour 2020, 2030 et 2050 : la trajectoire 20-40-80 (20 %, 40 % puis 80 % de baisse du volume d'émissions par rapport au niveau de 1990, qui correspond à l'objectif européen d'avant le Pacte vert) et la trajectoire 20-55-95, qui est celle du Pacte vert (graphique 1).

Le problème est double : ces deux trajectoires sont visiblement remises en cause dès 2020 (compte tenu de la crise de la Covid, les émissions vont dans les faits fortement chuter, mais il s'agit d'un « accident ») ; la trajectoire décrite par le Pacte vert est graphiquement la moins crédible parce qu'elle décrit un chemin plus abrupt et moins lisse. Cela ne signifie pas qu'il soit irréaliste de viser la neutralité carbone d'ici à 2050 (c'est une nécessité dictée par la science du climat), mais cette ambition, éventuellement inscrite dans la loi européenne, ne sera crédible qu'à la condition d'engager au préalable une réflexion de fond sur les raisons de l'écart entre réalisations et ambitions, avant d'envisager de l'accroître encore.

Il y a de ce point de vue une contradiction forte dans le projet du Pacte vert qui propose de formuler sans tarder de nouveaux objectifs climat, mais repousse à juin 2021 le passage en revue et la révision éventuelle de « l'ensemble des instruments d'action liés au climat ». Il faut faire inverser les priorités : engager dès maintenant cette réflexion pour consolider les nouveaux objectifs climat de l'UE.

De même, la notion de découplage, au cœur du Pacte vert, apparaît problématique. Le découplage est une notion déjà ancienne en économie de l'environnement. Il y a découplage lorsque le taux de croissance d'une pression sur l'environnement (par exemple, les émissions de CO_2) devient inférieur à celui de sa force motrice (par exemple la croissance du PIB). On parle de découplage absolu si la pression sur l'environnement (le volume des émissions de CO_2) demeure stable ou décroît tandis que la variable mesurant la force motrice augmente (la croissance du PIB en volume). Il y a découplage relatif lorsque la pression sur l'environnement augmente mais à un taux de croissance moindre que celui de la force motrice (taux de croissance du PIB supérieur au taux de croissance des émissions).

Le projet de Pacte vert affiche clairement l'ambition d'augmenter le PIB de l'UE tout en réduisant les émissions de gaz à effet de serre. Le projet ne le précise pas, mais il vise un découplage absolu entre émissions de CO_2 et PIB, qui n'a rien d'irréaliste au vu de la tendance observée dans la période récente au plan national pour un certain nombre de pays de l'UE comme pour l'UE dans son ensemble. Sur ce dernier plan, le projet note à juste titre « qu'entre 1990 et 2018 » la région « a réduit de 23 % ses émissions de gaz à effet de serre, tandis que l'économie enregistrait une croissance de 61 % ».

Mais deux questions importantes sont ici éludées, correspondant à la pertinence des deux indicateurs de découplage retenus, les émissions de GES en production et le PIB. S'agit-il d'un découplage sincère et souhaitable ?

Première question : comment compter les émissions de CO_2 ? Le projet de Pacte vert, fidèle à la comptabilité des Nations unies, se fonde sur les émissions de production ou territoriales (celles qui ont lieu à l'intérieur des frontières européennes). Or ce n'est qu'une partie du problème. Le texte revient à plusieurs reprises sur la dimension mondiale de la lutte contre le changement climatique (allant jusqu'à proposer une taxe carbone aux frontières, manifestement en contradiction avec l'esprit de l'Accord de Paris que le texte soutient par ailleurs), mais les rédacteurs omettent de signaler que la région y contribue indirectement *via* ses émissions de consommation [Malliet, 2020]. Un calcul simple permet de saisir l'importance de l'enjeu. Les données disponibles montrent en effet que lorsque le transfert d'émissions est ajouté aux émissions de production, la réduction d'émissions entre 1990 et 2017 pour l'UE n'est plus de 21 % comme le dit le texte en se fondant sur les émissions de production, mais de 5 %.

La comptabilité en termes d'émissions de consommation rapproche ainsi l'UE des États-Unis en termes de responsabilité climatique mondiale tandis que la comptabilité en responsabilité historique (de 1870 à 2018) continue de placer l'UE en deuxième position des émetteurs mondiaux. La deuxième question que pose cette stratégie de découplage est la pertinence du PIB comme indicateur à découpler des émissions de CO_2, dès lors que celui-ci ne mesure pas le bien-être humain.

Qu'est-ce que la croissance « inclusive » ?

On l'a dit, le Pacte vert est aux yeux de la Commission européenne avant tout une stratégie de croissance. Mais de quelle croissance s'agit-il ? Le texte se réfère à une « croissance durable et inclusive » mais sans indiquer sur quels indicateurs cette ambition pourrait s'appuyer. S'il s'agit, faute de proposition alternative dans le texte, de mobiliser comme indicateur le PIB, on sait depuis longtemps que cet indicateur ne peut, par construction, ni mesurer les inégalités ni mesurer les dégradations de la biosphère [Laurent, 2019].

De même, le texte demeure très vague sur la cohérence des indicateurs qui doivent guider la nouvelle stratégie européenne et sur leur articulation avec les indicateurs existants de la gouvernance économique européenne. Que faire du Pacte de stabilité et de croissance et du Semestre européen ? Comment rendre compatibles Pacte vert, Objectifs du développement durable des Nations unies et Pacte de stabilité ?

La Commission européenne affirme à cet égard que « le Pacte vert fait partie intégrante de la stratégie de cette Commission visant à mettre en œuvre le programme des Nations unies à l'horizon 2030 et ses objectifs de développement durable » et qu'elle « recentrera le processus de coordination macroéconomique du Semestre européen en vue d'intégrer les Objectifs de développement durable des Nations unies afin de placer la durabilité et le bien-être des citoyens au cœur de la politique économique et les objectifs de développement durable au centre de l'élaboration des politiques et de l'action de l'UE ». C'est très clairement insuffisant sur le plan des intentions comme sur le plan de la méthode : on ne comprend pas concrètement comment les indicateurs seront rendus compatibles ni comment pratiquement ils vont s'insérer dans les règles de la gouvernance économique européenne.

Il est à cet égard significatif que dans son « État de l'environnement européen », publié une semaine exactement avant le projet de Pacte vert, l'Agence européenne de l'environnement indique que « l'Europe ne concrétisera pas sa vision durable consistant à bien vivre dans les limites de notre planète en continuant de promouvoir la croissance économique ». Le texte de la Commission européenne n'en fait pas état.

Tout en affirmant comme objectif central l'augmentation de la croissance économique, le projet de Pacte vert reprend l'idée désormais largement admise que la transition écologique qu'il propose d'accélérer doit être juste et envisage dans cette perspective la création d'un « Mécanisme pour une transition juste », destiné à « aider les entreprises à s'adapter à des modes de production plus écologiques ».

Or, d'une part, des dispositifs financiers d'aide à la reconversion des industries fossiles existent déjà, mais, d'autre part, le projet passe à côté d'une définition vraiment substantielle de ce que pourrait être une transition juste, et notamment de la problématique de la justice et des inégalités environnementales qui dessine tout un champ de politiques publiques dont l'Union européenne pourrait s'emparer en vue de construire un État social-écologique apte à concilier ses deux vocations essentielles au XXIe siècle : la justice sociale et la soutenabilité environnementale.

Vers une transition européenne juste ?

Le 14 janvier 2020, la Commission européenne [2020a] a annoncé que le mécanisme pour une transition juste (MTJ) offrirait un soutien ciblé afin de mobiliser au moins 100 milliards d'euros sur la période 2021-2027 dans les régions les plus touchées pour atténuer l'impact socio-économique de la transition. Le 27 mai 2020, dans le cadre du plan de relance Covid-19, la Commission a proposé de porter le budget du Fonds pour une transition juste — un instrument clé du MTJ — à 40 milliards d'euros [Commission européenne, 2020b]. La réalité qui sous-tend ce chiffre interpelle néanmoins. Tout d'abord, le Conseil européen a ramené l'augmentation proposée par la Commission à 10 milliards d'euros [Conseil européen, 2020]. Ensuite, des systèmes d'aide financière à la reconversion des industries fossiles existent déjà et ces dispositifs apparaissent très faibles au regard des subventions existant en faveur des combustibles fossiles (qui représentent entre 75 % et 120 % des montants initiaux proposés pour les aides financières, autrement dit, d'un côté on encourage la sortie des énergies fossiles, mais de l'autre, à hauteur de 95 % de l'effort de sortie, on soutient les énergies fossiles). En outre, il manque une définition solide de ce que représente une « transition juste » pour la population (et pas seulement pour les entreprises).

L'idée d'une « transition juste » a été lancée au début des années 1990 par le dirigeant syndical américain Tony Mazzocchi pour résoudre « le conflit entre l'emploi et l'environnement » [Mazzocchi, 1993]. Elle a trouvé un écho lors des récents sommets sur le climat, les chefs d'État ayant approuvé la nécessité d'une « transition juste pour la population active » dans les industries des combustibles fossiles [COP24, 2018]. Mais la notion de transition juste va bien au-delà de la « main tendue pour aider les travailleurs actifs dans les combustibles fossiles et leurs familles à prendre un nouveau départ dans la vie » que Mazzocchi préconise [1993, p.40]. L'économiste américain Jim Boyce estime que le coût de la garantie du réemploi des travailleurs, du respect des engagements en matière de retraite et de l'aide aux collectivités pour l'ensemble de l'industrie américaine des combustibles fossiles, l'une des plus importantes au monde, représente moins d'1 % des investissements nécessaires aux États-Unis pour parvenir à produire de l'énergie à bas carbone [Boyce, 2020].

Tous ces éléments appellent, au moins, trois objectifs politiques colossaux dans le domaine social-écologique : reconnaître et atténuer les inégalités environnementales (les groupes sociaux les moins favorisés sont nettement plus exposés à la pollution de l'air, au bruit et aux canicules dans les villes européennes [AEE, 2019] ; accélérer les politiques de transition en les rendant équitables (en prévoyant par exemple des compensations sociales en regard de la montée en puissance de la fiscalité environnementale [Laurent, 2020] ; et enfin, améliorer le bien-être humain présent et futur plutôt que de viser la croissance économique (sans modification préalable de la métrique utilisée pour la calculer) [Laurent, 2021].

Conclusion

En 1933, quand Roosevelt engagea les États-Unis sur la voie du New Deal, les pays européens avaient un demi-siècle d'avance en matière de « nouvelle donne », les premières lois sur l'État-providence ayant été adoptée en 1883 dans l'Allemagne de Bismarck.

Le projet de Pacte vert est une tentative bienvenue de prolonger, de renforcer et d'élargir la vocation écologique du continent européen, mais cette ambition ne sera atteinte qu'à la condition de construire une stratégie non seulement ambitieuse mais surtout pertinente et cohérente : une véritable transition juste.

Repères bibliographiques

Agence européenne pour l'environnement (AEE) (2019), *Exposition et répercussions inégales. Vulnérabilité sociale à la pollution atmosphérique, au bruit et aux températures extrêmes en Europe*, rapport, n° 22/2018.

Boyce J. (2020), *Petit Manuel de justice climatique à l'usage des citoyens*, Paris, Les Liens qui libèrent.

Commission européenne (2019), « Le Pacte vert pour l'Europe », *Communication*, COM (2019) 640 final, 11 décembre.

— (2020a), *Plan d'investissement pour une Europe durable, Plan d'investissement du Pacte vert pour l'Europe*, communication de la Commission, COM (2020) 21 final, 14 janvier.

— (2020b), *L'Heure de l'Europe. Réparer les dommages et préparer l'avenir pour la prochaine génération*, communication de la Commission, COM (2020) 456 final, 27 mai.

CONSEIL EUROPÉEN (2000), *Conclusions de la présidence*, Conseil européen de Lisbonne des 23 et 24 mars 2020.

— (2020), *Conclusions*, Conseil européen extraordinaire des 17, 18, 19, 20 et 21 juillet 2020, EUCO 10/20, Bruxelles, 21 juillet.

COP24 (2018), *Solidarity and Just Transition. Silesia Declaration*, Varsovie, ministère de l'Environnement.

LAURENT E. (2019), *Sortir de la croissance. Mode d'emploi*, Paris, Les Liens qui libèrent.

— (2020), *The New Environmental Economics. Sustainability and Justice*, Cambridge, Polity Books.

— (2021), *The Well-Being Transition. Analysis and Policy*, Basingstoke, Palgrave MacMillan, à paraître.

MALLIET P. (2020), « L'empreinte carbone des ménages français et les effets redistributifs d'une fiscalité carbone aux frontières », *Policy Brief de l'OFCE*, n° 62.

MANSHOLT S. (1972), *Letter to the President of the European Commission Franco-Maria Malfatti. The Mansholt Letter*, Rotterdam, Het Nieuwe Instituut.

MAZZOCCHI T. (1993), « A superfund for workers », *Earth Island Journal*, vol. 9, n° 1, p. 41-42.

MEADOWS D., MEADOWS D. L., RANDERS J. et BEHRENS W. W. (1972), *The Limits to Growth. A Report for the Club of Rome's Project on the Predicament of Mankind*, New York, Universe Books.

OCASIO-CORTEZ A. *et al.* (2019), *Recognizing the Duty of the Federal Government to Create a Green New Deal*, House of Representatives, H. RES. 109.

PARLEMENT EUROPÉEN (2020), *Résolution du Parlement européen du 23 juillet 2020 sur les conclusions de la réunion extraordinaire du Conseil européen du 17 au 21 juillet 2020*, document P9_TA (2020) 0206.

IX/ Pour une agence de santé européenne unique

Jérôme Creel, Francesco Saraceno et Jérôme Wittwer

La crise de la Covid-19 a mis la santé au cœur des préoccupations et des débats de politique publique et elle a fait prendre conscience des faiblesses de l'UE dans la prévention et la gestion d'une pandémie. L'absence d'une politique européenne de santé à part entière a limité la capacité à partager les informations sur l'évolution de la pandémie, à assurer un approvisionnement rapide et pertinent en médicaments et en équipements dans toute l'UE et à définir une réponse politique coordonnée. Son coût humain important, social et économique, a poussé les autorités de l'UE (gouvernements, Parlement européen, Commission, agences de santé nationales et européennes) à promouvoir une stratégie européenne visant à améliorer, accélérer et sécuriser l'accès à la santé pour tous les citoyens de l'UE. Le début de la campagne de vaccination a montré l'importance d'une politique commune pour le bloc, et les difficultés à mener une telle politique en l'absence d'une capacité d'organisation et de coordination. Si le choix de négocier conjointement avec les producteurs a été louable, le processus a montré plusieurs limites concernant la capacité de négociation et la capacité de forcer le respect des engagements contractuels. Comme il est illusoire de penser que les États auraient eu plus de succès individuellement, les difficultés de la campagne de vaccination viennent confirmer la nécessité de se doter d'une structure et de compétences communes.

L'initiative franco-allemande du 18 mai 2020 proposait ainsi une « stratégie de santé » de l'UE pour renforcer la « souveraineté stratégique en matière de santé ». L'initiative encourageait l'augmentation de la recherche et du développement de vaccins et de traitements dans l'UE, la constitution de stocks stratégiques communs de médicaments et d'équipements, des marchés publics communs à l'ensemble de l'UE, la création d'un groupe de travail au sein du Centre européen de prévention et de contrôle des maladies (ECDC) pour élaborer des plans de prévention et de réponse aux futures épidémies, et des outils statistiques plus performants pour favoriser l'interopérabilité des données sanitaires. Dans sa communication du 27 mai 2020, la Commission européenne (2020) a présenté son nouveau programme : *EU4Health*, inclus dans le pilier 3 de son nouvel instrument, *Next Generation EU*. Ce programme devait être consacré à la prévention des crises, à leur préparation et à l'achat de médicaments et d'équipements essentiels. En outre, le nouveau programme devait « soutenir le renforcement des capacités dans les États membres (et) financer des programmes de formation pour le personnel médical et sanitaire ». Lors des négociations du budget pluriannuel de l'Union européenne et du plan de relance Next Generation EU, le programme *EU4Health*, de taille pourtant insuffisante pour faire face aux enjeux des prochaines années, a été purement et simplement rayé de l'accord européen de juillet 2020. Il a resurgi en partie lors des négociations entre le Conseil et le Parlement européen. L'accord du 10 novembre 2020 alloue finalement au programme 5,1 milliards d'euros (sur sept ans, 2021-2027) au lieu des 9,4 milliards d'euros initialement prévus.

Ces montants s'écartent sensiblement des besoins d'investissement de 70 milliards d'euros par an identifiés par la même Commission européenne [Commission européenne, 2020] ou par Fransen *et al.* [2018]. Bien que l'investissement public dans les infrastructures de santé et de soins de longue durée dans l'UE-28 se soit élevé à 75 milliards d'euros en 2015 (0,5 % du PIB), Fransen *et al.* ont estimé le déficit d'investissement par an entre 20 et 70 milliards d'euros, soit un volume total compris entre 260 et 910 milliards d'euros entre 2018 et 2030[1]. Ces montants correspondent à l'ensemble des besoins identifiés pour les États européens et n'ont pas vocation à être financés uniquement sur fonds européens. Fransen *et al.* [2018] signalent cependant que le déficit d'investissement « diffère largement selon les régions » et qu'une partie importante de ce déficit s'explique par le fait

1 Cet horizon correspond à celui de la proposition de Creel *et al.* [2020] discutée dans ce chapitre.

que les autorités locales chargées de financer les investissements dans les infrastructures sociales peuvent être soumises à des contraintes budgétaires dans le cadre du Pacte de stabilité et de croissance. Un recours à des financements européens est donc, pour ceux-là, le seul moyen de contribuer à effacer le déficit d'investissement.

En conséquence, nous proposons une initiative que nous nommons *Health4EU*, ou la santé pour tous les citoyens européens, pour créer une agence européenne unique à partir des deux agences existantes[2], chargée certes de promouvoir une meilleure prévention des épidémies[3] mais aussi de coordonner les politiques de santé en temps « normaux » et d'organiser des politiques de formation afin d'assurer une meilleure cohésion en Europe dans le domaine de l'accès aux soins[4].

Nous proposons de la financer plus largement que les deux agences existantes, à hauteur de 20 milliards d'euros par an, afin d'atteindre deux objectifs principaux. Tout d'abord, l'agence coordonnerait une politique d'investissement en capital humain en facilitant la mobilité des soignants afin de leur permettre de suivre ou d'assurer des formations complémentaires sur le terrain, contribuant ainsi à améliorer l'adéquation entre l'offre et la demande locales en matière de santé. Deuxièmement, l'agence garantirait un approvisionnement stratégique en médicaments et en équipements. Dans le même temps, l'agence fournirait, sur la base d'une dotation financière *complémentaire* que nous estimons à 20 milliards d'euros par an, un financement direct aux autorités locales afin qu'elles améliorent leurs infrastructures de santé et de soins de longue durée, donnant ainsi chair à une politique européenne de santé plus ambitieuse et soucieuse d'atténuer les inégalités d'accès aux soins dans toute l'Europe. Dans ce qui suit, nous détaillons les défis pour les systèmes de santé européens et le rôle que pourrait jouer une agence de type fédéral. Ensuite, nous établissons un

2 Il s'agit du Centre européen de prévention et de contrôle des maladies (ECDC) et de l'Agence européenne des médicaments (EMA).

3 L'agence unique pourrait également assurer une meilleure coordination des mesures prophylactiques mises en place en Europe pour faire face à une pandémie, évitant ainsi des stratégies nationales désynchronisées.

4 Cette initiative a été présentée dans un document plus large, promouvant une politique européenne en faveur d'autres biens publics européens, avec les instituts IMK et wiiw [Creel *et al.*, 2020].

parallèle avec le fonctionnement des agences de santé américaines qui nous permet de justifier l'estimation des besoins de financement de cette agence unique.

Une politique européenne de la santé : le contexte juridique

La santé ne fait pas partie des prérogatives exclusives de l'Union européenne et reste donc avant tout un droit national. La santé est d'ailleurs tout sauf un thème central dans le processus d'intégration européenne, du moins *directement*. Dans la version consolidée du traité sur l'Union européenne (TUE), le terme « santé » n'apparaît jamais. La santé ne fait donc pas explicitement partie des valeurs de l'UE (art. 2, TUE) ni de ses objectifs (art. 3, TUE). Dans le traité sur le fonctionnement de l'UE (TFEU), la santé apparaît comme une prérogative de l'UE, partagée avec les États membres, dans « les enjeux communs de sécurité en matière de santé publique » (art. 4, par. 2, point k, TFEU). L'UE peut alors compléter les politiques de santé publique nationales et faciliter leur coordination (art. 168, TFEU).

Il n'en reste pas moins que l'accès à la santé contribue *indirectement* à la réalisation des valeurs (par exemple, la dignité humaine, l'égalité) et des objectifs (par exemple, le bien-être, un niveau élevé de protection, le progrès scientifique et technologique) de l'UE. En ce sens, l'échelon européen paraît légitime dans les questions de santé. L'UE s'est d'ailleurs impliquée dans la politique de santé, là où celle-ci était importante pour le bon fonctionnement du marché unique et pour la libre circulation des travailleurs, par exemple en garantissant l'accès aux services de santé pour les travailleurs mobiles.

Face au principe de subsidiarité — qui garantit qu'une prérogative reste du ressort de l'entité politique, locale ou européenne, la mieux à même de remplir l'objectif assigné — et face à l'hétérogénéité des pays européens en termes de politique de santé publique [OCDE, 2019], il peut sembler difficile de façonner une véritable politique européenne de santé. Cependant, agir au niveau européen dans ce secteur peut être optimal dans plusieurs situations. Tout d'abord, l'échelon européen est l'échelon décisionnel naturel pour mettre en place une action collective en vue de prévenir les épidémies ou les pandémies, en étendant le partage des données, en organisant la solidarité dans la fourniture d'équipements de protection médicale et de médicaments, et en élaborant les actions de limitation des risques sanitaires transfrontaliers [Costa-i-Font, 2020]. Deuxièmement, l'action au niveau de l'UE peut engendrer des économies d'échelle dans la production de vaccins, d'équipements médicaux et en termes de prévention (voir section 3). Troisièmement, les chocs sanitaires peuvent produire des asymétries économiques et sociales entre les États membres de l'UE, comme l'a montré la crise de la Covid-19. De tels chocs mettent en péril « « la cohésion économique, sociale et territoriale, ainsi que la solidarité entre les États membres » (article 3 du traité UE) et nécessitent le recours à « des moyens appropriés en fonction des compétences qui sont conférées à l'UE dans les traités » (article 3 du traité UE). Ici aussi, l'échelon communautaire est légitime, voire plus que légitime : il est légal.

La littérature a depuis longtemps montré que les inégalités de niveau de vie étaient un déterminant important de l'accès à la santé [Amdaoud *et al.*, 2020]. La causalité inverse est également présente dans divers travaux : un choc idiosyncratique sanitaire produit des inégalités de revenus et des inégalités dans l'accès à l'emploi [García-Gómez *et al.*, 2013 ; Jones *et al.*, 2020 ; Trevisan et Zantomio, 2016], voire également une augmentation persistante de l'aversion individuelle au risque qui modifiera les comportements des agents [Decker et Schmitz, 2016]. Un rapport récent de l'OCDE [2019] plaide en faveur de la lutte contre les inégalités liées à la santé en tant qu'élément-clé d'une stratégie politique visant à réduire les inégalités sociales.

Une politique européenne de la santé : le cas du capital humain

L'objectif d'améliorer l'accès global à la santé dans l'ensemble de l'UE nécessite un investissement en capital humain, afin de faire correspondre l'offre de santé et les progrès thérapeutiques à la demande de santé. L'OCDE [2016] fait état de trois problèmes à résoudre en ce qui concerne l'offre de travail dans le secteur de la santé : la mobilité internationale, la mobilité intra-pays et l'inadéquation des compétences. Premièrement, la mobilité internationale *temporaire* facilite la diffusion des connaissances et des meilleures pratiques, mais la mobilité internationale *permanente* peut entraîner des pénuries d'offre dans les pays d'origine des médecins et des infirmières formés à l'étranger. Deuxièmement, de nombreux pays sont confrontés

Figure 1. **Cadre analytique pour l'examen de l'inadéquation des compétences dans le secteur de la santé**

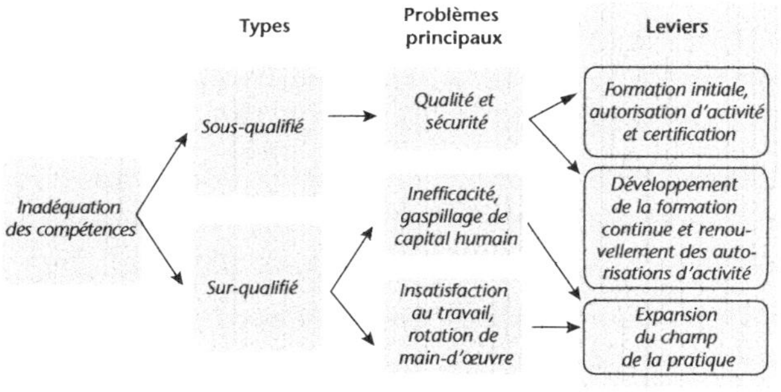

Source : OCDE [2016].

à des inégalités dans l'offre de soins entre les zones urbaines et rurales, malgré les incitations financières visant à limiter ces écarts. Troisièmement, les médecins et les infirmières déclarent des activités dans lesquelles ils se sentent soit sous-qualifiés, soit surqualifiés. S'ils sont sous-qualifiés, la qualité des soins et la sécurité des patients sont en jeu. S'ils sont surqualifiés, il en résulte des inefficacités : une meilleure organisation du travail et un renforcement de la formation des soignants pourraient contribuer à réduire l'insatisfaction professionnelle croissante.

Comme le montre la figure 1, l'élaboration de programmes de formation, le renouvellement régulier des autorisations d'activité (licences) et les programmes de formation continue, y compris une formation pratique accrue sur le lieu de travail, sont des options politiques visant à réduire l'inadéquation des compétences. Décidées et financées au niveau de l'UE, elles pourraient également contribuer à rééquilibrer les inégalités entre zones urbaines et rurales en matière d'offre de soins dans les pays où les marges de manœuvre budgétaires sont limitées et favoriser ainsi la mobilité européenne temporaire entre pays.

La politique de santé publique nationale est confrontée à de nombreux défis : répartition optimale de l'offre de soins par spécialité, par région, et par degré d'exposition à des événements rares, mais de plus en plus fréquents, comme les épidémies qui touchent certaines spécialités plutôt que d'autres, et pas toujours les mêmes.

La pandémie de la Covid-19 a révélé par exemple les difficultés rencontrées dans les unités de réanimation et de soins intensifs. Il y a eu non seulement des pénuries d'équipement (par exemple, des respirateurs) et de lits, mais aussi des pénuries de personnel : aides-soignants, infirmières, internes en médecine et également chefs de clinique et médecins (spécialisés). L'augmentation des effectifs de ces unités est essentielle pour la gestion de la prochaine épidémie. La solidarité du personnel hospitalier (et parfois non hospitalier) des autres unités médicales — qui, dans une certaine mesure, a également dépassé les frontières nationales — et la réorganisation pendant la crise ont certainement contribué à la gestion de la pandémie. Cependant, cette solidarité ne peut pas cacher que les unités de soins intensifs ont besoin de nombreuses compétences techniques et spécifiques pour minimiser les risques pour les patients. L'investissement dans ces compétences reste une question importante. Ces compétences peuvent être régulièrement mises en pratique sur le terrain par les médecins d'autres unités lorsqu'ils participent à des pools de médecins pour les gardes de nuit dans les services de réanimation. En France, les cardiologues, les pneumologues et les néphrologues continuent de faire partie de ces pools dans les hôpitaux. Mais la mutualisation des compétences est certainement limitée à un petit nombre de spécialités médicales et ne peut être étendue à tous les domaines. Pour prendre un exemple, un chirurgien n'a pas les compétences requises pour travailler dans une unité de soins intensifs alors qu'un réanimateur n'est pas qualifié pour travailler en chirurgie. Cela signifie que l'investissement en capital humain reste spécifique à chaque spécialité médicale ou presque. Or les crises sanitaires peuvent nécessiter le recours à différentes spécialités, conjointement ou séparément, qui méritent donc, chacune, un effort d'investissement en personnel et en capital humain.

Il n'en reste pas moins qu'il n'est simplement pas possible ni souhaitable d'augmenter le nombre de tous les personnels médicaux sans s'inquiéter à la fois du coût d'une telle politique et de la fréquence à laquelle tous ces personnels seront effectivement mobilisés. Il faut donc trouver un compromis entre le nombre optimal de personnels dans les unités médicales en temps « normal » et en temps d'épidémie. La politique de santé vise également à trouver la répartition optimale de personnels soignants entre les différentes spécialités. Il ne faut ni trop ni trop peu de personnel dans une spécialité donnée, car cela soulèverait des problèmes d'inefficacité et de répartition sous-optimale dans le premier cas, et un risque d'insécurité pour les patients dans le second.

Le cloisonnement des spécialités médicales restreint également les capacités de formation continue et d'acquisition des nouvelles compétences aux plans régional ou national : le nombre de services de réanimation est forcément limité au plan national, la saisonnalité de l'activité peut être la même d'un service à un autre et peut rendre difficile une mobilité inter-régionale des personnels soignants pour se former ou pour former les autres.

Le niveau européen devrait naturellement apporter une solution (au moins partielle) aux nombreux défis rencontrés par les États membres dans leur offre de soins. L'UE est une vaste zone avec des systèmes de santé locaux différents et probablement exposés à des chocs sanitaires asymétriques. Les systèmes de santé locaux offrent des capacités très différentes pour répondre aux besoins de leur population. Par exemple, l'accès à un spécialiste est inégal dans les différents pays de l'UE. Une étude de l'OCDE [2019] a révélé que 65 % des Allemands contre seulement 17 % des Roumains avaient consulté un spécialiste au cours des douze derniers mois.

Une stimulation de l'investissement dans la formation des personnels de santé au niveau de l'UE contribuerait à réduire les disparités et favoriserait la convergence vers les normes de santé les plus élevées. Elle faciliterait également la prévention des chocs sanitaires en préparant un plus grand nombre de membres du personnel médical dans les pays de l'UE à l'émergence d'une épidémie. En d'autres termes, l'UE pourrait prévoir des formations supplémentaires afin d'accroître, en temps normal, le nombre de compétences pour lesquelles il n'existe pas d'incitations financières à se former. En attendant, l'UE exigerait des bénéficiaires qu'ils soient en quelque sorte mobiles entre les États membres de l'UE. L'UE instaurerait un mécanisme de répartition afin que les compétences renforcées puissent être redéployées là où elles sont nécessaires et lorsqu'un choc sanitaire asymétrique se produit. L'UE s'appuierait sur une agence européenne (voir section 4) pour mettre en place des programmes de formation sur le lieu de travail pour l'ensemble de l'UE. Elle pourrait également encourager la mobilité européenne des infirmières, des internes, des chefs de clinique et des médecins dans toute l'UE par le biais d'incitations financières. Le programme les affecterait temporairement dans des unités technologiquement avancées, favorisant ainsi la diffusion des connaissances, ou dans des unités où l'offre est insuffisante. L'intégration européenne, depuis longtemps fondée sur les mobilités des facteurs travail et capital, trouverait une application concrète dans un programme de formation continue au niveau européen associée à une mobilité internationale accrue qui viserait à améliorer la gestion des crises sanitaires par des personnels plus qualifiés et plus nombreux lors des crises.

Une agence européenne pour garantir l'approvisionnement des produits de santé stratégiques et l'accès à l'innovation

La vice-présidente de la Commission européenne, Vera Jourova, a estimé dans une déclaration le 20 avril 2020 que la crise du coronavirus avait « révélé notre dépendance morbide vis-à-vis de la Chine et de l'Inde en matière de produits pharmaceutiques ». La crise de la Covid-19 a servi de révélateur, mais ce constat n'est pas nouveau, les ruptures d'approvisionnement sur certains médicaments sont régulières depuis une vingtaine d'années [EAHP, 2014]. La question n'est pas seulement une question technique liée aux ruptures dans les chaînes de production, elle est plus largement liée aux politiques de régulation et aux incitations qu'elles donnent aux industriels.

Le thème de la politique industrielle du médicament a été récemment réintroduit dans le débat public en France dans le cadre de la négociation entre le Comité économique des produits de santé (CEPS) et le Leem (le syndicat professionnel des industries du médicament) concernant le futur accord-cadre sur le médicament présidant, notamment, à la fixation des prix. La ministre déléguée chargée de l'Industrie, Agnès Pannier-Runacher, a ainsi annoncé en octobre 2020 que, de nouveau, la fixation des prix des médicaments en France pourrait intégrer des critères industriels liés à la sécurisation de la chaîne d'approvisionnement. Elle a également annoncé une proposition française pour la création d'une institution européenne dans la suite des déclarations d'Ursula von der Leyen en septembre 2020 sur la perspective d'une « Barda européenne » en précisant que « l'enjeu et l'ambition qu'on porte sont de se rapprocher du modèle des États-Unis [...] ; il faut mettre des compétences et de l'argent, mais aussi choisir ses combats ». La nouvelle stratégie pharmaceutique européenne de la Commission annoncée le 25 novembre 2020[5] donne crédit à cette impulsion.

Les lignes ont bougé et la création d'une agence sanitaire européenne aux compétences élargies est dorénavant une perspective tangible. Pourquoi et dans quelles conditions une telle agence pourrait-elle profitablement mobiliser les fonds européens ?

Les avantages d'une délégation au niveau européen

Les plans de gestion garantissant l'approvisionnement, comme il en existe aujourd'hui dans la plupart des pays européens, reposent en premier lieu sur la mise en place d'un système d'alerte et d'information sur les tensions d'approvisionnement[6]. Ils peuvent également inclure des systèmes de pénalités en cas de défaut d'approvisionnement et/ou de manquement à l'obligation de stockage (sur le territoire européen).

L'avantage d'une délégation au niveau européen est d'abord celle d'une négociation par un négociateur unique avec les industriels du secteur *versus* des négociations par chaque État membre. Mais, surtout, les conditions qui pourront être imposées par l'agence européenne aux industriels, en matière de stocks ou de localisation de site de production par exemple, ne peuvent être imaginées pour des coûts raisonnables qu'au niveau européen. La gestion de stocks au niveau européen a également l'avantage de mutualiser le risque dans la mesure où les chocs de demande ne sont pas nécessairement symétriques.

L'autre avantage d'une négociation au niveau européen est de permettre de contourner le lobbying des firmes nationales, plaidant le maintien de l'emploi et du savoir-faire sur le territoire national, pour envisager une politique industrielle au niveau européen dans un meilleur équilibre entre les industriels et les pouvoirs publics.

5 https://ec.europa.eu/commission/presscorner/detail/fr/ip_20_2173

6 Pour un exemple français de stratégie : https://solidarites-sante.gouv.fr/IMG/pdf/31142_dicom_pe_nurie_de_me_dicamentsv8.pdf

Encadré 1. La régulation du médicament en France

Aujourd'hui, l'autorisation de mise sur le marché d'un médicament est la prérogative de l'Agence européenne du médicament (EMA). Elle fonde sa décision sur des éléments concernant l'efficacité et la sécurité du médicament.

La décision de remboursement est faite au niveau national. Elle est fonction du service médical rendu évalué par la commission de transparence de la Haute autorité de santé (HAS). Les prix sont administrés au niveau national également. Ils résultent de négociations entre les industriels et le Comité économique des produits de santé (comité interministériel placé sous l'autorité conjointe des ministres chargés de la Santé, de la Sécurité sociale et de l'Économie). La négociation est conduite au regard de l'amélioration du service médical rendu (ASMR) et de l'efficience (rapport coût/efficacité) du médicament, tous deux évalués par la HAS.

L'Agence nationale de sécurité du médicament (ANSM) est en charge de la sécurité de l'approvisionnement des médicaments, en particulier par la mise en place et la gestion d'un système d'information permettant de prévenir les pénuries potentielles. Des projets de collaboration européenne sont en cours, à l'EMA en particulier, mais sont restés de portée limitée jusqu'à ce jour.

L'obstacle majeur à l'efficacité de ces plans de gestion tient à la structure de production et à la localisation des sites de production [voir notamment Chiappini et Guillou, 2020]. Pour certains composants entrant dans la composition des médicaments, les principes actifs en particulier, ou certains dispositifs médicaux, les unités de production sont très peu nombreuses à l'échelle mondiale, ce qui rend inévitables les ruptures d'approvisionnement en cas de chocs importants d'offre ou demande. Elles peuvent en outre être localisées en dehors du territoire européen, ce qui pose des questions de souveraineté et donc d'efficacité réelle des plans de gestion négociés avec les industriels. La question des prix des médicaments n'est pas étrangère à celle de l'approvisionnement et elle est même au cœur de la question. Des prix trop faibles incitent les industriels à une fragmentation de la chaîne de production pour réduire les coûts, ce qui augmente les risques de rupture.

Les mécanismes d'une régulation européenne

Deux mécanismes peuvent être actionnés par une agence européenne pour renforcer la sécurité d'approvisionnement et garantir l'accès à l'innovation :

– négocier les prix et l'accès au remboursement des produits de santé au niveau européen au regard de l'engagement des entreprises du secteur pharmaceutique et des dispositifs médicaux à produire sur le territoire européen une partie des volumes négociés pour l'Europe. Ces garanties devront être étendues aux composants entrant dans la composition des produits ciblés. Comme nous l'avons précisé plus haut, une telle négociation ne peut être envisagée qu'au niveau européen. Les contraintes imposées aux industriels par une (re)localisation (partielle) ne peuvent être envisagées dans les cadres nationaux au regard de la structure industrielle du secteur organisée autour d'un faible nombre de sites de production. La localisation de la production sur le territoire européen n'est pas une garantie de la sécurisation d'approvisionnement, elle renforce néanmoins la crédibilité des engagements de livraison et/ou de stockage ;

– développer des partenariats public-privé mobilisant des fonds de l'agence européenne pour cofinancer la recherche et le développement de nouveaux produits innovants en contrepartie de garanties d'approvisionnement et de prix sur ces produits, dans une logique de partage des risques inhérents à la R&D. L'agence pour la recherche avancée dans le domaine biomédical (Barda) aux États-Unis a usé de ce type d'accord avec plusieurs groupes industriels pour s'assurer, en particulier, d'une production sur le territoire américain d'un éventuel vaccin contre la Covid-19. La question de l'approvisionnement doit être entendue au sens large et se comprendre de manière prospective en considérant l'accès aux innovations. La crise sanitaire que l'Europe traverse ouvre la porte à des modalités de régulation de la R&D dans le secteur des produits de santé qui s'écartent des schémas habituels de régulation par le seul brevet. Toujours dans une logique de partage des risques, l'agence européenne peut s'engager *a priori* sur des volumes d'achats et un prix fonction de l'efficacité des traitements, voire sur l'achat de brevets, comme l'a proposé Pierre-Yves Geoffard pour le vaccin contre la Covid-19[7]. Là encore, au regard des sommes en jeu et des retombées collectives de tels investissements, le seul échelon raisonnable est celui de l'Union européenne.

---

7 Geoffard [2020] a proposé d'encourager l'accélération de la recherche sur les vaccins par un engagement de l'UE à acquérir les brevets. Il affirme que cela « réduirait le risque politique d'expropriation, pourrait favoriser l'investissement dans la R&D et accélérerait l'accès au marché ». Il estime le coût à environ 60 milliards d'euros.

Un engagement qui doit être contraignant

Le précédent du dispositif de coopération pour l'achat de vaccins contre le virus H1N1 montre qu'un dispositif européen de coopération ne peut être efficace que s'il est contraignant, au risque sinon que chaque pays poursuive des négociations pour son compte en parallèle et sape la crédibilité du négociateur européen [OCDE, 2018]. La compétence de plein droit pour la négociation de prix et des conditions d'approvisionnement doit être accordée à l'agence européenne sur les produits médicaux faisant l'objet d'un objectif stratégique. On peut envisager que l'adhésion à ce dispositif de coopération soit facultative, mais la possibilité pour les pays membres de retrait au cas par cas (produit par produit) ne doit pas être envisagée, car elle risquerait de ruiner les fondements du dispositif.

Des négociations sur l'adaptation du droit européen et international de la concurrence seront nécessaires si des clauses de production locales font partie des prérogatives de l'agence.

Les coûts d'une coopération européenne

Les coûts d'une coopération européenne pour garantir l'approvisionnement des produits de santé stratégiques sont de deux natures :

1. les coûts liés au fonctionnement de l'agence (pour ce dispositif de coopération d'achat en particulier et pour la fonction HTA nécessaire à son fonctionnement) qu'il s'agit de confronter aux économies possibles dans les agences nationales que nous discutons plus bas ;

2. l'augmentation du prix des produits de santé induit par les objectifs de production sur le territoire européen, augmentation qui doit être mise en regard des gains possibles tirés de la négociation centralisée des prix. Les pourcentages du PIB consacrés aux médicaments en Europe s'échelonnent de 1 % à 2 % environ. Cela permet de mesurer l'impact budgétaire d'une augmentation des prix qu'il est impossible aujourd'hui d'évaluer précisément sans connaître le périmètre des produits de santé d'intérêt stratégique. Une augmentation des prix des médicaments de 10 % en moyenne coûterait ainsi à l'Europe environ 20 à 30 milliards d'euros par an pour renforcer sa sécurité sanitaire.

Au-delà des surcoûts liés à la localisation d'une partie plus importante de la production des produits de santé sur le territoire européen, l'agence fédérale européenne devra être dotée d'un budget pour son fonctionnement.

Quel budget pour une agence fédérale ?

Pendant les négociations entre le Parlement et le Conseil, la Commission européenne a présenté son projet d'« Union de la santé ». Pour permettre à l'Union et à ses États membres d'affronter les futures crises sanitaires, l'Europe devrait se doter d'une nouvelle autorité, baptisée « Health Emergency Response Authority » (HERA). Deux problèmes se posent. D'une part, cette agence deviendrait la troisième agence européenne de santé, ce qui ne facilitera pas une coordination européenne d'ensemble sur les questions de santé publique. D'autre part, même si une telle agence devait voir le jour, son seul espoir de remplir efficacement les objectifs qui lui seraient assignés viendrait d'une dotation financière adéquate, à laquelle les deux agences existantes n'ont jusqu'alors pas eu droit. Quel devrait être le budget d'une agence fédérale européenne pour la prévention des maladies, la recherche biomédicale et les programmes de formation ? Cette section tente d'arriver à une estimation en prenant les agences fédérales américaines comme référence. Nous mettons également l'agence fédérale européenne que nous proposons en regard des deux agences de santé qui existent déjà au niveau de l'UE.

Les agences fédérales américaines pour la prévention et le contrôle des maladies

Aux États-Unis, la plupart des nombreuses agences qui s'occupent de la prévention et du contrôle des maladies sont sous le contrôle du US Department of Health and Human Services, le « ministère de la Santé » américain. Le budget de ces agences est assez limité. Notamment, la Barda, qui a récemment fait la une des journaux en raison de son accord avec Sanofi sur le vaccin contre la Covid-19, dispose d'un budget d'environ 1 milliard de dollars qui devrait servir entre autres à soutenir le développement de vaccins et de médicaments antiviraux. Le Center for Disease Control and Prevention (CDC), également une branche du ministère de la Santé, dispose d'un budget d'environ 12 milliards de dollars, qui sont consacrés à des programmes aussi variés que la protection des citoyens contre les catastrophes naturelles et le bioterrorisme, le financement de bâtiments et centres de santé, et des programmes de prévention liés à la santé publique. Le programme *Protecting American from Infectious Disease* a prévu 3 milliards de dollars pour l'année fiscale 2019. Le financement total de la Barda et du CDC s'élève à environ 0,06 % du PIB américain.

Les équivalents européens

L'Europe dispose actuellement de deux agences qui accomplissent des tâches similaires à celles de la Barda et du CDC. Pour 2020, le budget total de l'agence européenne des médicaments (EMA) s'élève à 358,1 millions d'euros. Environ 86 % du budget de l'agence provient des redevances et des frais, et 14 % du budget de l'Union européenne. L'essentiel du travail de l'EMA consiste à centraliser les demandes de commercialisation de médicaments[8] (notamment pour des maladies comme le VIH et d'autres maladies virales). La plupart des médicaments innovants passent par ce processus d'évaluation et d'autorisation, tandis que les médicaments génériques sont évalués et autorisés au niveau national.

Le Centre européen de prévention et de contrôle des maladies (ECDC) est une agence de l'UE qui vise à renforcer la protection de l'Europe contre les maladies infectieuses. Ses principales fonctions couvrent un large éventail d'activités : surveillance, renseignement sur les épidémies, réaction, conseils scientifiques, microbiologie, préparation, formation en matière de santé publique. Les programmes de prévention par la vaccination entrent également dans son champ d'action. Son budget s'élève à environ 60 millions d'euros, dont un peu plus de 21 sont des dépenses de fonctionnement. Le budget total des deux agences pour l'Europe est donc d'environ 400 millions d'euros, soit 0,003 % du PIB de l'UE27.

En cas de « fédéralisation » (partielle) de la santé publique dans l'UE, pour avoir le même pourcentage qu'aux États-Unis, le budget des deux agences devrait être porté à 6,8 milliards d'euros par an. Toutefois, le budget américain a été critiqué pour l'insuffi-

8 En vertu du droit communautaire, l'EMA n'est pas habilitée à autoriser la commercialisation des médicaments dans les différents pays de l'UE. L'approbation de l'EMA est néanmoins nécessaire pour que le médicament soit inclus parmi les médicaments remboursés par la Sécurité sociale. La Commission européenne est l'organisme d'autorisation pour tous les produits autorisés au niveau central, qui prend une décision juridiquement contraignante sur la base de la recommandation de l'EMA.

sance des moyens alloués aux deux agences (après presque deux décennies de coupes budgétaires). Un rapport détaillé de la National Academies of Sciences Engineering and Medicine [NASEM, 2017] a évalué la capacité nationale américaine et les besoins d'investissement dans le domaine de la santé globale. Bien que le rapport ne se risque pas à des estimations précises des besoins d'investissement pour les États-Unis, il estime que le niveau de financement était approprié au début des années 2000. Depuis lors, les dépenses globales pour la préparation et la prévention des maladies (en pourcentage du PIB) ont été réduites d'environ deux tiers. Pour rétablir les niveaux du début des années 2000, et en supposant que les mêmes ratios s'appliquent à toutes les agences, le financement total de la Barda et du CDC devrait donc être multiplié par trois et porté à environ 0,18 % du PIB américain. Si l'on faisait de même pour les agences de l'UE, on arriverait à une estimation d'environ 20 milliards d'euros par an pour le programme *Health4EU*. Il faut bien sûr interpréter cela comme une estimation approximative. Le financement total dépendrait du nombre de compétences attribuées aujourd'hui aux gouvernements nationaux qui seraient transférées au niveau « fédéral ». Une dotation financière *complémentaire* de 20 milliards d'euros permettrait, *via* des transferts directs, de favoriser la convergence des différents États membres vers les niveaux d'accès aux soins des régions européennes les mieux dotées. Cette dotation complémentaire correspond à une fraction seulement des besoins annuels d'investissement dans le secteur de la santé identifiés par la Commission.

Le programme de santé de la Commission européenne, une solution coûteuse ? Pas tant que ça, malgré la pandémie

Dans le cadre de la réponse de l'UE à la pandémie de la Covid-19, la Commission a donc proposé un programme *EU4 Health* de 9,4 milliards d'euros sur un horizon de sept ans, financé en partie par le budget de l'Union européenne (le cadre financier pluriannuel, CFP) et en partie par le programme *Next Generation EU* qui inclut le fonds de relance. Le montant proposé par la Commission était nettement inférieur à celui que nous avons estimé dans la section précédente. Néanmoins, même ce montant modeste s'est révélé trop élevé pour les pays européens. Le 21 juillet 2020, après plusieurs jours de débats, le Conseil européen est parvenu à un compromis sur le budget qui sous-tend la relance Covid-19 et le CFP. Cet accord représente toutefois un réveil brutal pour ceux qui souhaitent des efforts significatifs de l'UE en matière de santé publique. Le programme *EU4Health* proposé, doté de 9,4 milliards d'euros, a été considérablement réduit à 1,7 milliard d'euros, ce qui compromet la capacité et l'ambition de l'UE de renforcer les systèmes de santé et la protection de la santé publique dans les pays de l'UE. D'autres programmes importants pour la santé publique ont également été victimes de la négociation entre les soi-disant « frugaux » (principalement les Pays-Bas) et les autres pays de l'UE. Le financement du programme *Horizon Europe* a également été touché par les réductions du Conseil, le budget passant de 94,4 milliards d'euros à 84,9 milliards d'euros. Cela aura un impact sur la recherche et l'innovation, également un élément crucial pour la promotion de la santé publique.

Le Parlement européen a exprimé sa déception quant aux résultats du Conseil immédiatement après qu'ils ont été rendus publics et a engagé une longue négociation avec le Conseil afin de défendre au moins le budget alloué précédemment. L'accord trouvé en novembre 2020 a permis de revenir partiellement en arrière sur les coupes portant sur le financement des biens publics européens. En particulier pour la santé, *EU4Health* sera financé à hauteur de 5,1 milliards sur sept ans. Bien moins que les 9,4 milliards proposés par la Commission et toujours largement en dessous des besoins du programme *Health4EU* que nous estimons nécessaires pour mener une politique de santé européenne à la hauteur des défis des prochaines années.

Repères bibliographiques

Amdaoud M., Arcuri G. et Levratto N. (2020), « Covid-19 : analyse spatiale de l'influence des facteurs socio-économiques sur la prévalence et les conséquences de l'épidémie dans les départements français », *EconomiX Working Paper*, 18 avril.

Chiappini R. et Guillou S. (2020), « Échanges commerciaux des produits et équipements de protection médicale : quels enseignements de la pandémie de Covid-19 ? », *Policy Brief de l'OFCE*, n° 77, octobre.

Commission européenne (2020), « Europe's moment : repair and prepare for the next generation », COM (2020) 456 final.

Costa-i-Font J. (2020), « The EU needs an independent public health authority to fight pandemics such as the Covid-19 crises », VoxEU.org, 2 avril.

Creel J., Holzner M., Saraceno F., Watt A. et Wittwer J. (2020), « How to spend it : a proposal for a European Covid-19 recovery programme », *Policy Brief de l'OFCE*, n° 72, juin.

Decker S. et Schmitz H. (2016), « Health shocks and risk aversion », *Journal of Health Economics*, vol. 50, p. 156-170.

European Association of Hospital Pharmacists (EAHP) (2014), *Medicines Shortages in European Hospitals*, EAHP, Bruxelles.

Fransen L., Del Bufalo G. et Reviglio E. (2018), « Boosting investment in social infrastructure in Europe. Report of the high-level task force on investing in social infrastructure in Europe », *EC Discussion Paper*, n° 74.

García-Gómez M. P., Van Kippersluis J. L. W., O'Donnell O. A. et Van Doorslaer E. K. A. (2013), « Long-term and spillover effects of health shocks on employment and income », *The Journal of Human Resources*, vol. 48, n° 4, p. 873-909.

Geoffard P.-Y. (2020), « Accelerating development of a Covid-19 vaccine », VoxEU.org, 4 juin.

Jones A. M., Rice N. et Zantomio F. (2020), « Acute health shocks and labour market outcomes : evidence from the post crash era », *Economics and Human Biology*, vol. 36.

Lindeboom M., Llena-Nozal A. et Van der Klaauw B. (2016), « Health shocks, disability and work », *Labour Economics*, vol. 43, p. 186-200.

National Academies of Sciences, Engineering and Medicine (NASEM) (2017), *Global Health and the Future Role of the United States*, The National Academies Press, Washington, DC.

OCDE (2016), *Health Workforce Policies in OECD Countries. Right Jobs, Right Skills, Right Places*, OECD Publishing, « OECD Health Policy Studies », Paris.

— (2018), *Pharmaceutical Innovation and Access to Medicines, 2018*, OECD Publishing, Paris.

— (2019), *Health for Everyone ? Social Inequalities in Health and Health Systems*, OECD Publishing, « OECD Health Policy Studies », Paris.

Trevisan E. et Zantomio F. (2016), « The impact of acute health shocks on the labour supply of older workers : evidence from sixteen European countries », *Labour Economics*, vol. 43, p. 171-185.

Table des matières

Introduction 3

Jérôme Creel

I / Prévoir la croissance par temps d'épidémie 5

DAP / Christophe Blot

La situation conjoncturelle en 2020 6
Une crise sectorielle 7
Quel scénario pour la croissance en 2021 ? 9
Politiques économiques : vers une nouvelle solidarité européenne 13

II / Le marché du travail malade de la Covid-19 17

Céline Antonin, Christine Rifflart et Grégory Verdugo

État des lieux du marché du travail 18
Face au confinement, le chômage partiel a préservé la relation d'emploi 23
Les risques d'un chômage partiel prolongé 27

III / La crise de la Covid-19 dans une Europe vieillissante 31

Frédéric Gannon, Gilles Le Garrec et Vincent Touzé

Un vieillissement en Europe particulièrement vulnérable face au virus 32
Une mortalité disparate en Europe 34
Quel bilan pour nos sociétés européennes vieillissantes ? 40
Conclusion 43

IV / La BCE face à la crise de la Covid-19 **45**

Christophe Blot et Paul Hubert

L'action de la BCE pendant la crise de la Covid-19 45
Diverses actions servant différentes finalités 48
Quelles marges de manœuvre pour les banques centrales ? 52

V / Les plans d'urgence et de relance dans les quatre plus grands pays de la zone euro, au Royaume-Uni et aux États-Unis **54**

Céline Antonin, Christophe Blot, Magali Dauvin, Mathieu Plane, Christine Rifflart et Raul Sampognaro

Allemagne : des mesures budgétaires qui jouent un rôle crucial dans le schéma de reprise allemand 58
Espagne : un plan de relance conduit par les fonds européens 60
France : des plans qui misent sur l'activité partielle et le monde d'après 61
Italie : absorber le choc et préparer le futur avec le plan européen 63
Royaume-Uni : l'urgence à tout prix 64
États-Unis : un plan XXL qui privilégie les mesures de court terme 66

VI / Coordination budgétaire : de nouvelles règles ou un changement d'institution ? **68**

Xavier Ragot

Le débat sur le cadre budgétaire européen avant la crise de la Covid-19 69
La crise de la Covid-19 et la coordination budgétaire européenne 71
Nouvelles règles ou nouvelles institutions ? 74

VII / L'impôt sur les sociétés peut-il constituer une ressource propre de l'Union européenne ? **78**

Guillaume Allègre

L'Union européenne : quelles ressources ? 79
L'impôt sur les sociétés, un impôt européen pertinent ? 81
L'impôt sur les sociétés : difficiles tentatives de réforme européenne 84
En pratique, pourquoi un accord sur une tranche d'IS est-il improbable ? 88
Conclusion : que faire ? 91

VIII / Le *Green Deal* européen : juste une stratégie de croissance ou une vraie transition juste ? 94

Éloi Laurent

Des cibles climatiques « ambitieuses » mais improbables 96
Qu'est-ce que la croissance « inclusive » ? 100
Vers une transition européenne juste ? 102
Conclusion 103

IX / Pour une agence de santé européenne unique 105

Jérôme Creel, Francesco Saraceno et Jérôme Wittwer

Une politique européenne de la santé : le contexte juridique 108
Une politique européenne de la santé : le cas du capital humain 109
Une agence européenne pour garantir l'approvisionnement des produits de santé stratégiques et l'accès à l'innovation 113
Quel budget pour une agence fédérale ? 118

Composition Facompo, Lisieux (Calvados).
Achevé d'imprimer en mars 2021 sur les presses de
La Nouvelle Imprimerie Laballery à Clamecy (Nièvre).
Dépôt légal : avril 2021
N° de dossier : 103452

Imprimé en France